藤原清衡
平泉に浄土を創った男の世界戦略

入間田宣夫

集英社

藤原清衡
平泉に浄土を創った男の世界戦略

装幀・本文デザイン　三村 淳

藤原清衡　平泉に浄土を創った男の世界戦略

目次

第7章
金色堂に死す　157

はじめに

「平泉―仏国土（浄土）を表す建築・庭園及び考古学的遺跡群―」が世界文化遺産に登録されたのは、二〇一一年六月のことであった。

三・一一東日本大震災から数えて、三か月あまり。その登録決定のニュースは、復興に向けて立ちあがろうとしていた人びとを勇気づけ、なんとしても、みずからの創意工夫をもって、困難な事業を成し遂げたいとする決心を強固にさせてくれることになった。

振り返ってみれば、平泉藤原氏による国づくりのプロセスは、長期にわたる戦乱の歴史におわりを告げて、新しい平和の時代を建設しようとする決心。すなわち、中央国家の思惑によって振り回されてきた過去の歴史に別れを告げて、地方の側から、みずからの創意工夫をもって、新しい武士の時代を建設しようとする決心。それによって開始されたのであった。

いま現在に伝えられている平泉の文化遺産のかたちは、そのような決心のもとに開始された国づくりの所産にほかならない。だからこそ、東北の人びとは、その登録決定のニュースに勇気づけられ、その文化遺産のかたちを生み出す大もとになった「平泉の心」（独立自尊のチャレンジ精神）に胸を揺さぶられることになったのである。

みなさんもまた、平泉の文化遺産を見学するにさいしては、その華やかな仏教文化のかたちに驚嘆するばかりではなく、それを生み出す大もとになった「平泉の心」にも想いをいたすようにしていただきたい。九〇〇年の時空を超越して、「平泉の心」が躍動している、まさに、その現場に立ちあっているような気持ちになるようにしていただきたい。そのためのガイドの役割を、本書が果たすことができるならば、さいわいである。

平泉藤原氏初代の清衡がたどった人生は、波乱万丈・艱難辛苦、そのものであった。戦乱の歴史におわりを告げるといっても、一筋縄にはいかない。前九年合戦《ぜんくねんかっせん》から後三年合戦《ごさんねんかっせん》へと続く戦乱のなかで、清衡その人に関しても、父親が斬首されたばかりか、弟のために妻子を殺害され、みずからは弟を死に追いやる。さらには、後三年合戦を勝ち抜いて以後、奥羽の第一人者としての地位を固める過程においても、死に至らしめた人びとは数えきれない。

清衡の手は血にまみれていた。さらには、全身に返り血を浴びていた。だからこそ、そのような殺しあいの連鎖を断ち切りたい。すなわち、戦乱の時代におわりを告げたいとする決心が、人なみはずれて強固なものになったのではあるまいか。そのあたりの事情について、落ちついて、じっくりと、考えてみることにしたい。

けれども、そのような決心ばかりでは、国づくりのためのグランド・デザインを描き出すことはできない。これまでのように中央国家の思惑によって押しつけられたしきたりに従っていたのではいけない。さればといって、安倍・清原以来の伝統的かつ在地のしきたりにとどまっているわけにもいかない。とにかく、前に進むしかない。なにかしら、旧来のしきたりを突き抜けた大胆かつ革新的なアクション・プランに従うなかで、新しい国のかたちを模索する。そのためには、なにかしら、大まかな見取り図のようなものがなければならない。

そのような模索のなかで採用されることになったのが、仏教のモデルであった。世界帝国・唐の滅亡後、東アジアにおけるグローバル・スタンダードは、仏教のそれになりつつあった。京都の中央政権が依拠する唐のモデルは、生命力を枯渇させつつあった。

その仏教モデルに従ったグランド・デザインによる国づくりを、すなわち現世における「仏国土《ぶっこくど》」（浄土）の建設を推し進めるためには、端的にいえば「仏教立国」の路線を邁進するためには、さまざまな試行錯誤が避けられない。なにしろ、日本ではじめての試みである。

京都には、それなりの仏教文化が花開いていた。とはいっても、律令のしくみや都城のすがた、国郡の統治システムなど、唐のモデルに従った国のかたちの基本は揺るぐことなく、仏教モデルの規定性は限定的なものにとどまっていた。そのような限定的な色彩を帯びた仏教文化ではあったが、それに学ばないわけにはいかない。さればといって、そのままに受容しているばかりでは足りない。それを突き抜けた本格的な仏教文化を構築することなくして、本格的な「仏国土」（浄土）の建設を望むことはできない。そのためには、東アジアのグローバル・スタンダードに、直接的にアクセスするしかない。そのためには、国内外の情報に精通したブレーン（知識人）を京都方面から招き寄せるしかない。そのあたりの事情についても、落ちついて、じっくりと、考えてみることにしたい。

大胆かつ革新的な国づくりの事業展開であった。そののち、鎌倉幕府をはじめとする武家政権によって、その根本精神が継承されたことに想いを馳せるならば、なおさらに大胆かつ革新的といわなければならない。

そうそう、政権の所在地としての平泉は、京都の成れの果て、ないしは末弟にはあらず。鎌倉のお兄さん。さらには江戸の御先祖さまだったのである。

それにつけても、そのような大胆かつ革新的な国づくりの事業に踏み出すことを可能にさせた清衡のメンタリティーは、いかにして育まれることになったのか。また、京都側による差別的な「蝦夷《えみし》」呼ばわりに屈することなく、みずからの創意工夫によって新しい国づくりに挑戦する勇気は、いかにして生み出されることになったのか。さらには、京都の向こう側に、東アジア世界を見すえるような、その広やかな眼差しは、その卓越した国際感覚は、いかにして形成されることになったのか。

それらの具体的な機縁を知りたい。

そのために、本書では、それらの事業展開の一つひとつについて、あわせて清衡を取り巻く人間的な環境の細部にわたって、具体的に確かめるなかで、清衡の心の動き、決心のありようなどについて鮮明にするべく、考えをめぐらしてみることにしたい。

これまでにも、清衡の人生に触れた書物にはこと欠かない。けれども、その事業展開についてては、なかでも「仏教立国」のそれについては、挿話的に取りあげられるのが関の山であった。それに対して、本書では、その事業展開の一つひとつに真正面から向きあうなかで、清衡の人生を逆照射する。折おりの決心のありようを浮き彫りにすることをめざしている。すなわち、「かたち」から入って、「心」に至るというわけである。そのあたりの事情について了解のうえで、ページを開いていただければ、さいわいである。

高橋富雄『藤原清衡―平泉の世紀―』が刊行されてから四〇年あまり。この間における考古学方面における発掘・調査の進捗は、平泉柳之御所遺跡《ひらいずみやなぎのごしょいせき》ほか、随所に著しい。文献史学の方面においても、蝦夷の概念や源氏中心史観の見直しほか、大事な取り組みが積み重ねられている。本書では、それらの成果を踏まえながら、清衡その人に寄り添うようにして、その生きざまを追体験すべく、精いっぱいにがんばっている。それによって、大先達の画期的な仕事に学ぶのにあわせて、多少なりとも乗り越えるところあれかしと念願している。ただし、その狙いが、どの程度に達成されることになっているのか。その判断については、読者に委ねるほかにない。

第1章

中尊寺落慶供養のビッグ・イベントにて

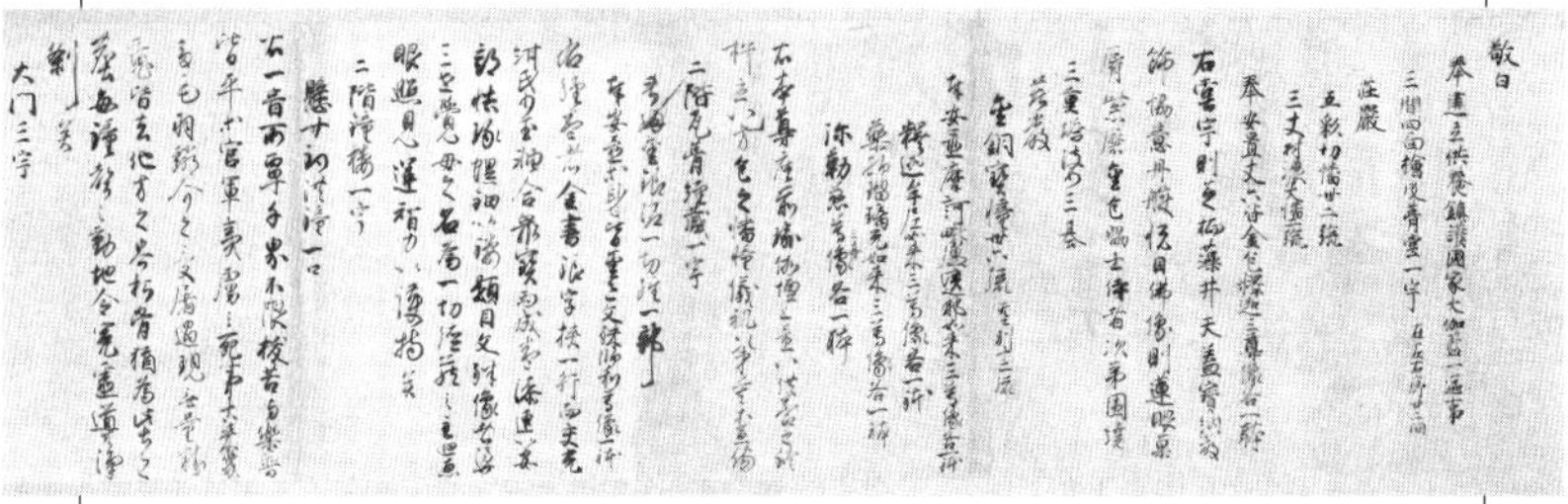

「**中尊寺建立供養願文**」輔方本（中尊寺大長寿院蔵）

大伽藍の中心には

中尊寺鎮護国家大伽藍《ちゅうそんじちんごこっかだいがらん》の造営を祝う盛大な儀礼（落慶供養《らっけいくよう》の法要）が開催されたのは、大治元年（一一二六）春三月二十四日のことであった。その時、大伽藍造営の「大旦那《おおだんな》」（パトロン）にして、盛大な法要の施主《せしゅ》（主催者）たるべき清衡の年齢は、七一歳に達していた。

振り返ってみれば、清衡が平泉の地に宿館《しゅくかん》（政庁兼居館）を設営して、国づくりの大事業に乗り出したのは、康和年中（一〇九九～一一〇四）のことであった。それから数えて、ほぼ三〇年を経過していた。いま、ようやくにして、その国づくりの最終局面に及んで、このような晴れの日を迎えることができたのである。清衡の想いは、いかばかりであったか。

その晴れの日のありさまについて、中尊寺に伝わる供養願文《くようがんもん》をひもとけば、鮮明かつ臨場感たっぷりに想い浮かべることができる。それでは早速に、現場にワープしてみることにしたい。

その大伽藍の中心たるべき三間四面《さんけんしめん》の檜皮葺《ひわだぶき》の本堂（金堂）には、丈六皆金色釈迦三尊像《じょうろくかいこんじきしゃかさんぞんぞう》が安置されている。その左右には、それぞれ、五〇体の脇士侍者《わきじじしゃ》が立ちならんでいる。これまた、小さいながら、金色の釈迦像たちである。この本堂が、「大釈迦堂」と呼びならわされることになるわけである。
このような百余体の釈迦像を安置する大釈迦堂のモデルは、御堂関白藤原道長《みどうかんぱくふじわらのみちなが》の創建になる法成寺《ほうじょうじ》のそれにあった。京都摂関家藤原氏の繁栄を誇示する大伽藍の一郭をかたちづくる賀茂川近くの大釈迦堂の威容が、いま、遠く都を離れたみちのく世界の中心において再構築されて、その完成を祝うイベントが開催されようとしている。

その本堂の左右そして後方には、それぞれ一基の三重塔（塔婆）があって、摩訶毘盧遮那《まかびるしゃな》如来三尊像《にょらいさんぞんぞう》、釈迦牟尼如来三尊像《しゃかむににょらいさんぞんぞう》、薬師瑠璃光如来三尊像《やくしるりこうにょらいさんぞんぞう》、弥勒慈尊像《みろくじそんぞう》が、それぞれの塔ごとに、東西南北の面に安置されている。同じく、それぞれの塔ごとに、一二本の金銅製の宝幢《ほうとう》（幟幡《のぼりばた》）が立てられて風にはためいている。三基あわせて、三六本である。

本堂や三重塔婆に安置されて、燦然《さんぜん》たる輝きを放っている仏像群は、どれ一つとして、尋常の造りにはあらず。いずれも、京都方面における著名な仏師の手になる最善の造りであった。かれら仏師に対する礼物《れいもつ》として、いかほどの砂金が届けられることがあったのか、はかり知れない。

それらの堂宇の建築のために呼び寄せられた大工ほかの職人たちにしても、だれ一人として、通常の腕前にはあらず。いずれも、京都方面から呼び寄せられた最高水準の技能の持ち主たちであった。かれらに対する礼物にも、莫大な砂金が用いられたのに違いない。

つぎに、二階瓦葺《かわらぶき》の経蔵《きょうぞう》には、金銀泥《きんぎんでい》の一切経《いっさいきょう》、五四〇〇巻が収納されている。そのうえに、それらの経巻の学びを見守るべく、智慧のシンボル、「等身皆金色文殊師利尊像《とうしんかいこんじきもんじゅしりそんぞう》」が安置されている。

それらの経巻を書写するにあたっては、金泥の文字が一行、つぎには銀泥の文字が一行、そしてまた金泥の文字が一行、というように金文字と銀文字を交互に用いる、特別の趣向が採用されている。そのうえに、経巻の料紙には紺色を、経巻の軸には玉《ぎょく》を用いて、よりいっそうの輝きを増している。これまでの日本には、このような豪華絢爛のスタイルでの一切経の書写事業がおこなわれた例がない。まさしく、日本初の大事業であった。永久五年(一一一七)のあたりから始まる長期間に及ぶ大事業であった。

そのために必要とされる人数も、莫大な域に達した。なかには、清衡ほか、藤原の一族が、みずから、一字三礼の作法に従って、写経の筆を執って……、ということもあったらしい。

一切経の書写ばかりではない。これから始められる盛大な儀礼に備えて、法華経《ほけきょう》(八巻、開・結あわせて十巻)の一〇〇〇部(セット)が用意されていたことも知られる。その分までをも計算に入れるならば、経巻書写のために必要とされた人数には、さらなる数値を計上することにならざるをえない。それらの人数に対する礼物にしても、また然りである。

そして、二階鐘楼《しょうろう》には、二〇鈞《きん》の洪鐘《こうしょう》が懸けられている。その鐘の音は、千界のかなた、宇宙の果てにまで及ぶかのように、大きく鳴り響く。そのような巨大かつ高品質の梵鐘の製作にあたっても、京都方面から著名な職人が呼び寄せられていたであろうことは、いうまでもない。

それらの堂宇の建つ前庭に目をやるならば、大きな池が穿《うが》たれていて、龍頭鷁首《りゅうとうげきしゅ》の船二隻が浮かべられている。反橋《そりはし》と斜橋《ななめはし》の二本が架け渡されている。その続きには、築山もあって、対照の美をかたちづくっている。

儀式を盛りあげるために用意された左右の楽器・大鼓もみえている。同じく、舞楽の装束三八具もみえている。

さらに、見渡すならば、広大な境内の三面には、築垣《ついがき》がめぐらされていて、それぞれの面に大門が設けられている。

それらの堂宇をめぐる施設の造作のために大勢の熟達の職人らが、そして舞楽の演奏のために大勢の舞人・楽人らが、京都方面から呼び寄せられたり、同じく楽器・大鼓・装束・面などが京都方面から取り寄せられたりしたであろうことについても、いうまでもない。

さらに、さらに、目線をあげて、周囲の丘辺を見渡せば、一昨年に完成したばかりの金色堂が、燦然たる輝きをもって、西北の高みから、広大な境内を見おろして、大伽藍の安泰を見守ってくれている。

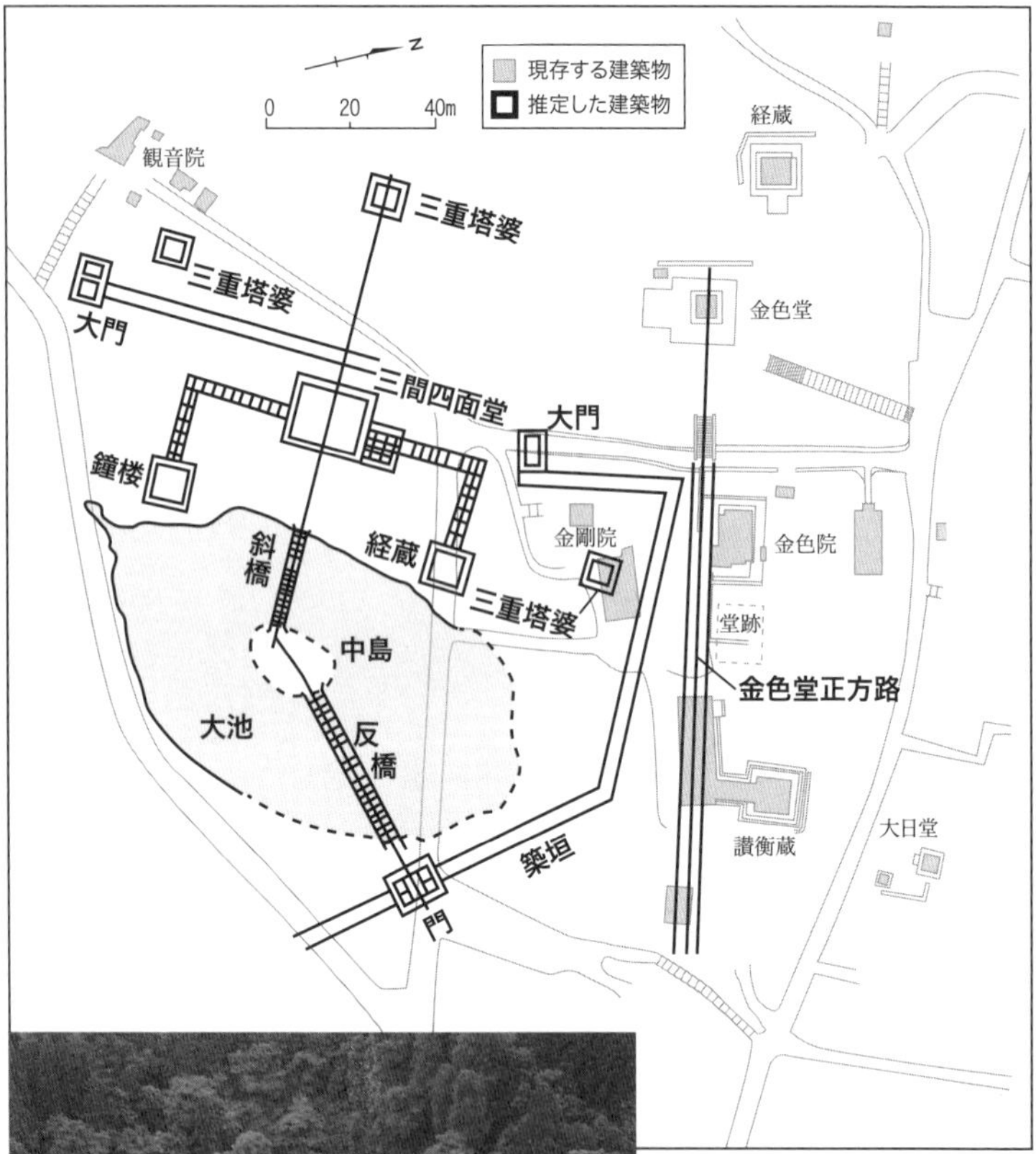

「中尊寺供養願文伽藍構想図」
（考証・藤島亥治郎）
現存する建築物に、供養願文をもとに創建当時の建築物を重ねあわせた伽藍構想図

＊「平泉中尊寺の構想と現実」（『建築史学』30号、1998年より）　図面原案考証・故藤島亥治郎　東京大学名誉教授　作図・藤島幸彦　綜芸文化研究所所長

中尊寺大池跡

その夕べには、「萬燈会《まんとうえ》」のイベントも予定されていた。それによって、「十方尊《じっぽうそん》」を供養すれば、「薫習《くんじゅう》は定めて法界《ほっかい》に遍《あまね》く、素意はなんぞ悉地《しっち》を成さざらんや」とする趣旨が、願文には記されていた。それを、いまふうに受けとめるならば、盛大な儀礼の最後を飾る「光のページェント」のイベントにほかならない。万本の燈火の荘厳のなかに聳え立つ大伽藍のたたずまいを前にして、清衡の胸中には、いかなる想いが去来することになったのか。そして、大観衆の胸中には……。さまざまなイメージが浮かんできて、尽きることがない。

僧衆千五百余人を招いての大法要

そのような前代未聞のしつらえを尽くした盛大な儀礼空間の中央に招き入れられたのは、大勢の僧衆であった。そのうち、千口（人）の持経者《じきょうしゃ》は、それぞれが一部（八巻）ずつ、あわせて千部の法華経を転読《てんどく》する。一人ひとりの読経は蚊の鳴くような声であったとしても、千人が寄れば雷のように鳴り響く。そして、五百三十口（人）の題名僧《だいみょうそう》は、それぞれが十軸ずつ、あわせて五千余軸（巻）の一切経の題名を読みあげる。こちらのばあいは、巻数が莫大に及ぶので、それぞれの経巻の内容にまで踏み込むことはあたわず。題名を読みあげるだけにとどまっているのは、いたしかたがない。

それだけの数の僧衆は、どこから招き寄せられてきたのであろうか。陸奥・出羽両国だけでは足りない。おそらくは、東日本一円の広範囲にわたって、招請の使いが派遣されたのではなかろうか。もしかすると、京都方面にも……。そして、一人の僧に対して、砂金一両のお布施が出されたとするならば、全体としては、一、五〇〇両の砂金が必要だったということになるのだが……。などと、推測を始めれば、キリがない。

かれら僧衆ばかりではない。大名・小名ほか、賓客の大勢が、みちのくの全域から招き寄せられて、儀礼の進行を見守っている。

そして、最上席には、朝廷の権威を背負って辺りを睥睨《へいげい》する「勅使」の姿がみえている。寺伝では、白河上皇側近の随一、「按察使中納言顕隆卿《あぜちちゅうなごんあきたかきょう》」（藤原顕隆）その人が直じきに「勅使」として下向してきたとされているが、定かではない。

清衡の傘下に属する一族・家臣・郎党の面めんが、緊張した面持ちで、居ならぶ姿がみえていることは、もちろんである。

それにしても、大変な人数、大変な声量である。現在にたとえるならば、東京ドームの会場に、何百人もの男性合唱団を海外から迎えて、さらには国内外の賓客を迎えて、巨大かつ国家的なコンサートを挙行するようなものであろうか。

そもそも、このような千もの僧衆を招請しての巨大なイベントは、すなわち千僧供養《せんぞうくよう》（千僧御読経）は、天皇・上皇、さもなければ摂政・関白などが主催し、朝廷や法勝寺・延暦寺・興福寺ほかの諸大寺などでしかおこないえないものであった。それなのに、遠く離れたみちのくにおいて、しかも一介の地方豪族にすぎない清衡の主催によって、そのビッグ・イベントが開催されようとしている。これほどに、「破天荒《はてんこう》」なことがあろうか。

これよりも、五〇年あまりを経過した後には、あの平清盛の主催によって、福原や厳島にて、千僧供養のイベントが開催されることになる。だが、そのことを、清衡が知るよしもない。すなわち、清衡にとって、そして奥州人にとって、さらには日本列島に生きるすべての人びとにとって、今回における中尊寺千僧供養は、前代未聞の、ないしは空前絶後の巨大なイベントとして意識されることになったのに違いない。そのために、想像を絶するようなプレッシャーが、清衡にのしかかっていたのに違いない。それでも、なお、清衡は負けないでいる。背筋をぴんと伸ばして、ハイライトの瞬間に備えている。

御願寺の金看板を掲げて

そして、いよいよ、この大伽藍の造営に寄せる願いの「旨趣」を、本堂の丈六皆金色釈迦三尊像ほかに向かって読みあげる、ひいては列島の内外にまでアピールする、というハイライトの場面である。
その願いの文章、すなわち願文は、当代きっての大学者（文章博士《もんじょうはかせ》・大学頭《だいがくのかみ》）右京大夫《うきょうのだいぶ》藤原敦光朝臣《ふじわらのあつみつあそん》の起草になる。今日の感覚でいうならば、東京大学の総長にして、文部科学大臣を兼ねるような大学者による起草になる。数か月か、もしくは十数か月もまえから、使者を京上させ、清衡の意向を斟酌《しんしゃく》して、格調の高い文章に仕立てていただくべく、丁重な依頼に及んだ経緯が想定される。

文章の起草を依頼するといっても、その内容について、なにからなにまで、丸投げで、任せきりにしたわけではない。その骨子については、清衡の側から、逐一伝達したうえで、和漢の古典の名文にマッチする格調の高い体裁に仕立てあげる、という格好であったらしい。

そのうえに、その願文を本尊仏の照覧に供えるべく特別に調製された美装本は、同じく、当代きっての能書（達筆）、右中弁藤原朝隆朝臣《うちゅうべんふじわらのともたかあそん》の「清書」になる。今日の感覚でいえば、文化勲章クラスの書家によるそれになる。

そして、大伽藍の「大旦那」にして大施主たるべき清衡に代わって願文を読みあげる「唱導《しょうどう》」（導師《どうし》）の大役は、相仁已講《そうにんいこう》によって担われることになる。そのために、わざわざ、京都方面から招かれてきた僧である。京都方面における国家的な法会《ほうえ》の取りしきりに通暁《つうぎょう》したベテランの延暦寺僧である。誉田慶信氏の指摘にある通りである。

その僧の到着を待って、この大伽藍の寺号が「中尊寺」に決定されたと推測することさえも、できるかもしれない。法華経には、「仏・人中の尊ありて」「人中の尊を供養す」などの文言があることから、「中尊」の二文字が選ばれたとされている。そのことについては異論がないが、その寺号選定の時期については手がかりがない。ここでは、その可能性を記すだけにとどめておくことにしたい。

かれら、当代きっての大家たちに依頼して、願文を用意したり、願文を読みあげたりすることによって、巨大イベントの核心部分においても、京都方面の法会に勝るとも劣らない、国家的な法会としての達成をみることができた。清衡、会心の場面である。

それにしても、それらの大家に起草・清書や唱導の役割を依頼するにあたっては、いかなる人脈が駆使されて、いかほどの礼物が必要とされることになったのか。これまた、はかり知れない。

そのようにして、贅《ぜい》の限りを尽くして、作成・披露された願文の「旨趣」として、いの一番に掲げられたのは、「鎮護国家」の文字であった。

すなわち、「禅定法皇《ぜんじょうほうおう》」（白河上皇）、「金輪聖主《こんりんしょうしゅ》」（崇徳天皇）、「太上天皇《だじょうてんのう》」（鳥羽上皇）ほか、「国母仙院《こくもせんいん》」（女院）、皇太子など、そして「三公《さんこう》・九卿《くけい》・武職《ぶしょく》・文官《ぶんかん》」の官僚たち、さらには「五畿七道萬姓兆民《ごきしちどうばんせいちょうみん》」（一般庶民）に至るまでが、「みな治世を楽しみ、おのおの長生を誇る」べきことが期されている。そのために、このような「御願寺《ごがんじ》」を造営して、「長く国家区々の誠を祈ろう」とも記されている。

そのように、「鎮護国家」の大きな願いが掲げられた後に、清衡その人に関わる願いが、さりげなく、書きつけられている。生前には「(法皇の)御徳の海に浴し」、死後には「安養の郷を詣でん」ことを。すなわち極楽浄土に往生せんことを、とみえている。

この大伽藍には、「御願寺」の金看板が、すなわち「禅定法皇」(白河上皇)の発願《ほつがん》によって建立された国家的な寺院としての金看板が懸けられることになった。

その当時、京都方面において、上皇などによる「御願寺」の建立は、引きも切らず。「御願寺」ラッシュともいうべき盛況を迎えつつあった。

だが、清衡のように、一介の地方豪族の建立になる寺院に、「御願寺」の金看板が許されるなどのことは、あったためしがない。その後においても、また然り。空前絶後の快挙である。丸山仁氏の指摘にある通りである。

そもそも、供養願文の書きかた、そのものが異様であった。上皇の発願になる「御願寺」というからには、上皇が主体となる書きかたになるのが普通である。ところが、中尊寺のばあいには、上皇の発願は名ばかりで、実質においては、清衡の発願にふさわしい書きかたになっている。このようなかたちの供養願文などは、これまた、あったためしがない。

落慶供養のありかたにしても、また然り。その盛大を極めたビッグ・イベントは、願主たるべき上皇の主催になるのが当然の姿であった。ところが、中尊寺のばあいには、造営実務の請負・担当者たるべき清衡が実質的な主催者として振る舞っている。これまた、あったためしがない。

そのような破天荒な達成を目指すにあたっては、すなわち先例重視・地方蔑視の京都政界・宗教界の抵抗を押し切って「御願寺」の金看板を頂戴する許しをえるまでには、いかなる人脈が駆使されて、いかほどの礼物が必要とされることになったのか。それこそ、はかり知れない。

たとえば、平忠盛は、すなわち清盛の父親は、天承二年（一一三二）、鳥羽院の御願寺、得長寿院《とくちょうじゅいん》の造営を請け負って、丈六の聖観音《しょうかんのん》一体を本尊に、小ぶりの聖観音千体を脇士とする壮麗な堂宇を建立している。その功績によって、内昇殿の栄誉を賜るのにあわせて、備前守の重任を許されている。その「未曾有」の栄誉の賜与は、多くの貴族を驚かせ、忠盛に対する反感を抱かせることにもなった。『平家物語』によって取りあげられ、最近では守田逸人氏によってあらためて注目されている通りである。

だが、その時、忠盛は院近臣としてキャリアを積み、諸国の受領を歴任する身であった。わずかに正六位上の地方豪族、清衡にとっては遠くに仰ぎ見るような存在であった。それなのに、はるかに格下ともいうべき清衡に、御願寺造営請負の栄誉が賜与される。そのうえに、供養願文の文章には、願主たるべき白河法皇の意向にはあらず、清衡の意向がたっぷりと盛り込まれていて、まるで清衡の御願寺でもあるかのような風情をあらわにしている。ならびに、落慶供養のビッグ・イベントにさいしても、清衡が実質的な主催者として振る舞っているというのだから、尋常ではない。清衡による御願寺造営の請負が、どれほどに破格の沙汰であったのか。たとえようもない。その内実を、忠盛が耳にすることがあったならば、どれほどに驚いただろうか。想いも及ばない。いずれにしても、京都方面では、絶対に実現不可能な破天荒な沙汰であったことには間違いがない。

抜苦与楽、普皆平等

「鎮護国家」の大きな願いが掲げられているばかりではない。清衡の眼差しは、いま現在に生きている人びとの側ばかりではなく、さまざまなかたちで最期を迎えなければならなかった死者の側にも向けられていた。

すなわち、大伽藍の二階鐘楼に懸けられた二〇鈞の洪鐘には、「一音の覃《およ》ぶ所、千界に限らず」（鐘の音は、一回ゴーンとなっただけで、千界のかなた、宇宙の果てにまで響き渡る）

とする文言に続けて、「抜苦与楽《ばっくよらく》、普皆平等《ふかいびょうどう》」（苦しみを抜き、楽を与えること、普《あまね》くみな平等なり）とする願いが託されていた。その鐘の音によって、みな平等に、苦しみを除去され、楽しみを付与されますようにとする旨趣である。

そのうえで、より一層に踏み込んで、「官軍・夷虜《いりょ》の死すること、古来幾多《こらいいくた》なり」（官軍として、さもなければ賊軍として、戦い死んだ人びとの数は、古来はかり知れないレベルに及んでいる）。けれども、それらの死者たちの「精魂」は「みな他方に去るといえども」、「朽骨《くこつ》はなほ此土の塵となる」とする文言が記されている。

そして、最後には、「鐘の音の地を動かすごとに、冤霊《えんれい》をして、浄刹《じょうさつ》に導かさしめん」とする文言で結ばれている。

具体的には、前九年合戦《ぜんくねんかっせん》・後三年合戦《ごさんねんかっせん》ほか、清衡が生まれてこのかた経験してきた合戦の数かずにおいて戦い死んだ敵味方の人びとの遺骨が、土にまみれたままに放置されて、供養を施されることなく、霊魂があてどもなく彷徨《さまよ》っている。それの「冤霊」（恨みをもって彷徨う霊魂）を、敵味方の区別なく、みな平等に、鐘の音によって救済して、「浄刹」（極楽浄土）に導くことにしたいということに、ほかならない。それが、清衡の究極の願いであった。「普皆平等」は、仏教の根本精神であった。「官軍・夷虜の死すること、古来幾多なり」の文言に続けて、「毛羽鱗介《もううりんかい》の屠《と》を受けること、過現無量」（毛ものや鳥や魚介類が捕え食せられることは、過去現在はかり知れない）とするそれが付加されているあたりには、すなわち毛もの（獣）や鳥や魚介類の霊魂までをも区別なく、極楽浄土に導くことにしたいとするあたりには、仏教の根本精神に関する清衡の並なみならぬ造詣ぶりがあらわれているのに違いない。

だが、それだけではない。清衡にとって、度重なる戦乱によって敵味方に分かれて荒《すさ》みきった人心を収攬《しゅうらん》して、わだかまりのない人心をかたちづくることは、切実きわまりのない課題であった。そのことなくして、安定した治世をかたちづくることはできない。百年の平和を期することができない。そのためにこそ、「普皆平等」の根本精神を、清衡はアピールしないわけにはいかなかったのである。

「普皆平等」の根本精神は、平泉の世界文化遺産の登録にさいしても、大いに注目されることになった。それも、そのはず。現代社会に満ち満ちている戦乱や紛争の数かずには、清衡の時代をはるかに凌駕するものがあるように想われる。それならば、その根本精神に再び光があてられることになったとしても、不思議でも、なんでもないということであるのに違いない。

東夷の遠酋、俘囚の上頭

そのような高邁至極の願いの旨趣を掲げた文章のなかで、清衡は、自身の拠《よ》って立つ社会的な地位を、「東夷《とうい》の遠酋《おんしゅう》」（東辺の蝦夷集団を束ねるべき遠い昔からの酋長の家柄に属するもの）と記している。「俘囚《ふしゅう》の上頭《じょうとう》」（朝廷に服属する蝦夷集団の頭領）とも記している。

そのような地位にあることによって、出羽・陸奥の「土俗《どぞく》」（住人）は「風に従う草のように」清衡のもとに靡《なび》いてきている。また、「粛慎《しゅくしん》・挹婁《ゆうろう》の海蛮《かいばん》」（オホーツク・沿海州方面の海民）は「陽《ひ》に向かう葵《あおい》」のように清衡を仰ぎ見てくれている。

そのために、北方世界のリーダーとしての清衡の地位には、なんの揺らぎもなく、安泰にして、三〇年を経過することができた。

したがって、北方世界のリーダーとして、「羽毛歯革」の物産を、すなわち鷲の羽・貂《てん》の毛・セイウチの牙・水豹《あざらし》の革など、北方世界の物産を、滞《とどこお》ることなく、中央政府に貢上すべき役割を果たすことができた。それによって、上皇をはじめとする多方面からのお褒めの言葉をいただいて、その地位を不動のものにすることができた。とこの願文に記している。

それらの貢上の品目のうち、鷲の羽は、都大路を行進する儀仗兵《ぎじょうへい》の背を飾る最高級の矢羽として用いられた。水豹の革も、同じく、儀仗兵の乗馬を飾る障泥《あおり》（鞍につける泥よけの馬具）の素材として好まれた。貂の毛は防寒に優れ、貴族のファッションの素材として好まれた。セイウチの牙は、象牙に同じく、さまざまなアイテムの素材になった。いずれをとっても、京都方面における人気のブランドであった。貴族の垂涎《すいぜん》の的《まと》たるべき品目であった。

　これまでの間、奥羽の住人は、なかでも北奥羽の住人は、長期間にわたって、中央国家によって、「蝦夷」、ないしは「東夷」、さもなければ「俘囚」など、差別的な呼称を投げかけられてきた。いま、清衡は、それを逆手にとって、「東夷の遠酋」「俘囚の上頭」を、みずから名乗ることによって、さらには京都方面における人気ブランド貢上を取りしきるべきポジションを強調することによって、北方世界におけるリーダーとしての地位を、内外にわたってアピールすることに成功している。

「東夷の遠酋」「俘囚の上頭」を名乗ることは、中央国家の側による積年の差別意識におもねる卑屈な態度に終始するということではないのか。さらには、清衡が、みずから名乗ったというよりは、むしろ、願文の起草を依頼された右京大夫藤原敦光朝臣の側が勝手に挿入した文言ではないのかなど、さまざまな取り沙汰が重ねられてきた経過がないではない。

　だが、そのような名乗りを用いるかたわらで、京都に勝るとも劣らない国家的な大伽藍の造営に乗り出して、一介の地方豪族にはかなわない国家的な千僧供養の大イベントを開催するなど、「東夷」「俘囚」の文言によって生み出される未開・野蛮のイメージとは正反対の事業を、つぎつぎと積み重ねつつある実績が、清衡には具えられていた。

さらにいえば、そのような名乗りは、一見すれば差別的な表現には違いがないが、「遠酋」といい、「上頭」といい、人びとを束ねるリーダーシップの内実をあらわす文言になっていることには、変わりがない。それをポジティブに受けとめるならば、北方世界の住人集団のリーダーたるべき清衡の立場が、中央国家の側によって保障されているということになって、かえって好都合である。逆にいうならば、それくらいのへりくだった表現によって、北方世界のリーダーたるべき立場が保障されるのならば、安いものである。というような、京都方面における伝統的かつ固定的な観念に逆らわないかたちで、安全保障の確証を取りつけるという、柔軟かつ現実的な外交感覚さえもが、清衡には具えられていたのではあるまいか。それならば、「東夷」「俘囚」の文言を、願文の起草を依頼された右京大夫敦光朝臣による挿入かもしれないとするような穿《うが》った解釈を弄《ろう》するまでもない。

振り返ってみれば、安倍や清原の政権は、同じく北方世界におけるリーダーとして登場してきたのにもかかわらず、京都方面による安全保障の確認を取りつけることがかなわないままに、源頼義《みなもとのよりよし》・義家《よしいえ》の追討軍による攻勢に直面せざるをえないという悲劇的な局面に陥ることになったのであった。なんとしても、そのような轍《てつ》を踏むことは避けたいという想いによって、清衡は駆り立てられていたのに違いない。そのためには、「東夷の遠酋」「俘囚の上頭」を名乗ることがあったとしても、北方の物産の多大の貢上の責務があったとしても、安全保障の確証が取りつけられるのならば、安いものであるという心算だったのではあるまいか。

それにしても、清衡の目配りの広大さには、驚嘆しないわけにいかない。すなわち、みちのく世界の民心はもちろん、遠くはオホーツク・沿海州方面の海民の挙動にまで、さらには京都方面における権力者の思惑に至るまで、広大な目配りを及ぼしたうえで、平泉の安全保障を取りつけようとしている。清衡の外交的なセンスには、余人をもってしては及び難いものがあった。大したものである。

仏弟子を自称する

鎮護国家大伽藍建立の旨趣を掲げた文章のはじめに、清衡が「東夷の遠酋」「俘囚の上頭」の社会的な地位をアピールしたくだりには、「弟子《ていし》」の一人称が用いられていた。

それだけではない。大伽藍建立の旨趣を掲げた文章のおわりにも、すなわち供養願文の末尾にも、「天治三年三月廿四日　弟子正六位上藤原朝臣清衡　敬白」の文字列が、しっかりと書きつけられていて、実質的な願主たるべき清衡の立場を鮮明にあらわしていた。

そのうち、天治三年三月廿四日の文字については、この年の一月、大治元年に年号が改められていることから、疑問視されることがあった。だが、それは当たらない。その数か月か、もしくは十数か月もまえには、願文の起草が、そして清書が依頼されていたであろうことを考慮に入れるならば、天治の旧年号が用いられていたとしても、不思議でもなんでもない。もしも、その反対に、大治の年号が用いられていたとするならば、かえって、疑問視を避けることができない。

注目すべきは、弟子の二文字である。弟子とは、仏弟子のことにほかならない。なぜに、どうして、ことさらに、仏弟子《ぶつでし》の文字を、清衡は用いることになったのであろうか。

鎮護国家大伽藍の造営に寄せる清衡の願いのなかで、もっとも切実だったのは、「抜苦与楽、普皆平等」、すなわち敵味方に分かれて荒みきった人心の収攬にあった。そのためには、鎮護国家大伽藍を造営して、二〇鈞の洪鐘の声に期することはもちろんながら、清衡みずからが、武人としてのこだわりを超越して、すなわち敵味方の区別を超越して、仏道に帰依する真摯な求道者として、万人に仰ぎ見られる存在として振る舞うほかにはない。そのような重大な決意が固められていたのではあるまいか。

その当時、京都方面における御願寺の造営などに関わる供養願文には、「弟子」（仏弟子）の文言が、上皇などの一人称として用いられることが通常であった。それればかりではない。

摂関家の造営になる法成寺などに関わっても、「弟子者、日本国王之舅也」「寛弘四年十二月二日 弟子左大臣正二位藤原朝臣道長 敬白」の文言などが用いられている。それならば、清衡のばあいにも、それらの事例にならったのにすぎない、ということができるのかもしれない。

だが、上皇や摂関ならば、いざ知らず。一介の地方豪族、しかも武人たるべき清衡が、あえて、仏弟子の一人称を用いているあたりには、それなりの覚悟があったのではないのか。もう一歩を踏み込んで、「抜苦与楽、普皆平等」の文言にあわせ考えるならば、なおさらの感を禁じえない。

そういえば、天平一五年（七四三）、東大寺「盧舎那大仏《るしゃなだいぶつ》」を造顕すべく、聖武天皇が発した詔《みことのり》の文面には、「弟子」の文言がしっかりと位置づけられていた。

聖武天皇の時代には、「反乱・謀叛」が多発するなど、人心不安の世情に悩まされていた。そのうえに、天皇みずからについても、その正統性が疑われるなど、落ちつかない状況に置かれていた。

その天皇が、突如として、大仏造顕のビッグ・プロジェクトを発願し、仏弟子の一人称をアピールすることになったのは、ないしは「菩薩戒弟子皇帝沙弥勝満《ぼさつかいていしこうていしゃみしょうまん》」として、「皇帝菩薩の道」を目指すことになったのは、なんとかして、人心を収攬して、みずからの置かれた不安定な状況を切り抜けたいとする一心によるものにほかならない。すべては、河内祥輔氏・飯沼賢司氏による指摘の通りであった。

すなわち、清衡による鎮護国家大伽藍の造営ならびに仏弟子の一人称のアピールは、時空を超えて、聖武天皇のそれに響きあうような風情が感じられないでもない。いかがであろうか。

いずれにしても、敵味方に分かれて荒みきった人心を収攬して、万人に仰ぎ見られる存在として、卓越したリーダーシップを確立するうえで、そのような仏教のビッグ・プロジェクトを推進して、仏弟子としての自画像をアピールすることは、清衡にとって、不可欠だったのに違いがない。

そのようにして、清衡の名声は、みちのく世界はもちろん、京都方面にまで及ぶことになった。

これまでは、清衡を殺戮の王として忌避する向きが少なからず。だが、今回のアピールによって、清衡を「仏弟子」のリーダーとして称賛する声が多数派となる。こうなってしまえば、清衡を監督すべき陸奥守の立場は無《な》きも同然である。

官位からすれば、五位相当の貴族たるべき陸奥守に、正六位上の清衡が太刀打ちするべくもない。だが、「御願寺」の金看板を戴いて、その実質的な願主となることによって、京都方面における貴族一般のランクをはるかに凌駕する立場に、清衡は昇ることができたのである。

これまでも、これからも、地方の武人にして、「御願寺」の造営によって、そのようなアピール効果を達成することができたケースは皆無に等しい。どうして、清衡のばあいだけに、そのような空前絶後の挑戦が可能とされることになったのか。大いなる疑問である。

つぎには、それについて、清衡が国づくりを始めた当初の時点に立ち返って、考えてみることにしたい。

第2章

国づくりのはじめに立ち返って

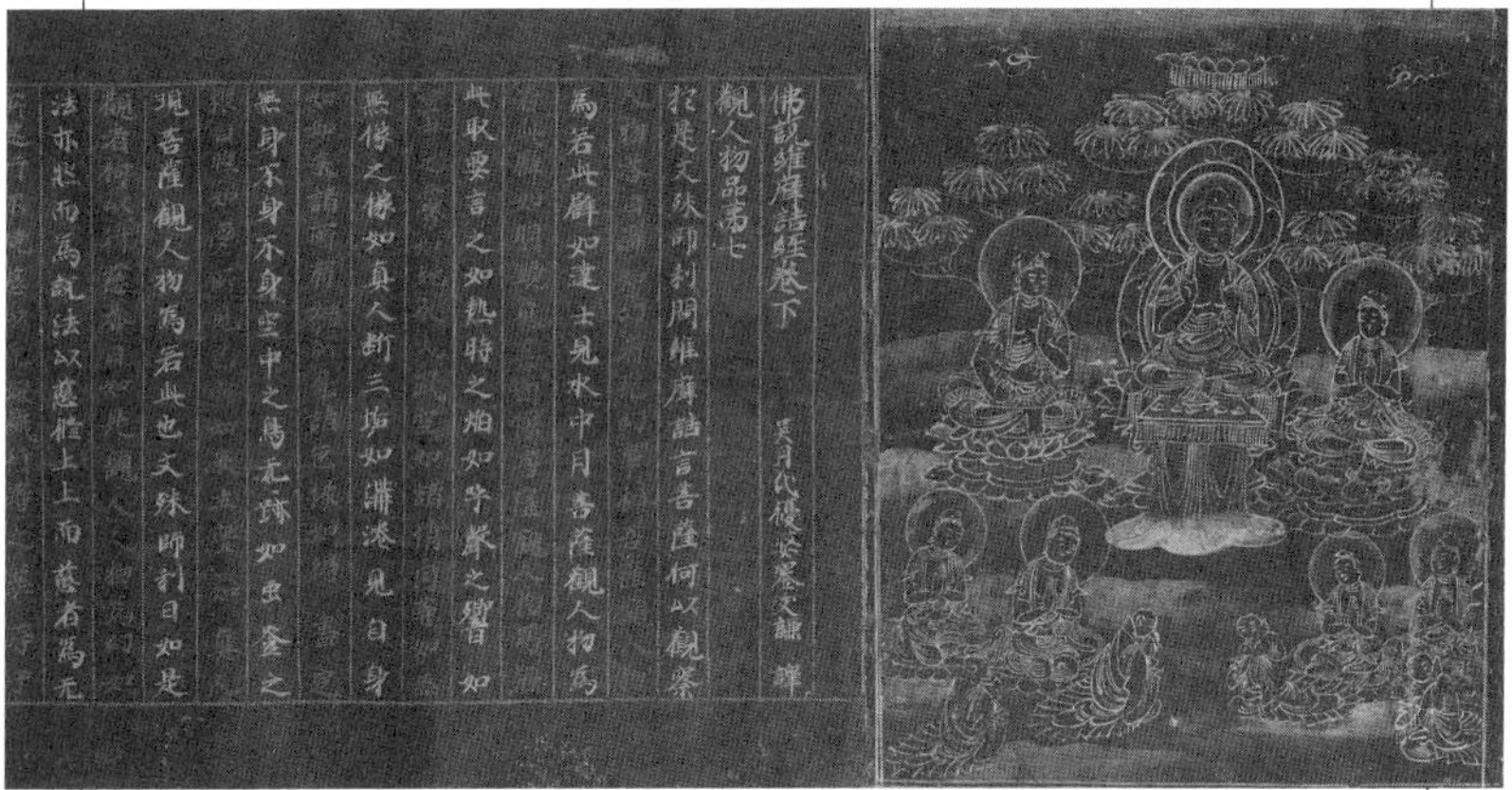

「紺紙金銀字交書一切経」（中尊寺大長寿院蔵）

奥大道の整備

清衡が平泉の地に宿館《しゅくかん》（政庁兼居館）を設営して、国づくりの大事業に乗り出したのは、康和年中、四五歳前後のことであった。記録（『吾妻鏡』文治五年九月廿三日条）には、「康保年中」とされているのだが、康保の年号は存在しない。そのために、「康和年中」（一〇九九～一一〇四）か、「嘉保年中」（一〇九四～九六）か、いずれかの誤記なりとする解釈になっている。そして、最近では、前者を採る意見が多くなっている。

その国づくりのはじめにあたって、奥大道《おくだいどう》の幹線ルートの整備に、清衡は着手することになった。白河関から外が浜に至る、いまならば福島県白河市から青森県陸奥湾に至る幹線ルートのことである。歩けば二十余日を要した。その幹線ルートを行くこと、一町（一〇八メートル）ごとに、笠卒都《かさそと》（塔）婆《ば》を立て、それらの前面に「金色阿弥陀像」を、清衡は図絵させたとする記録が残されている。

それによって、「当国の中心」を確定することが可能になった。そのうえで、その中心にあたる平泉関山《かんざん》の頂上に、「一基の塔」を立てることになった。さらには、釈迦・多宝の両如来像を安置する「多宝寺（塔）」を建立して、「一基の塔」との中間に「関路」を設けて、奥大道を行き交う旅人を通過させることになったとも、記録されている（「寺塔已下注文《じとういかちゅうもん》」、『吾妻鏡』文治五年九月十七日条に収める）。

それらの施策のうち、奥大道のルートに沿って立てならべられた笠卒塔婆に、いまの道路標識の役割が付与されていたことはいうまでもない。だからこそ、「当国の中心」を測ることができたのだ。だが、それにはとどまらない。その前面に「金色阿弥陀像」を描かせていたというのだから、伊達《だて》ではない。それによって、清衡のわたくしの道にはあらず、仏《ほとけ》の道なりとするアピール効果を狙ってのことだったのに違いない。

東山道ほか、古代の幹線ルートには、天皇の権威が付与されて、余人の侵犯を許さないシステムが整えられていた。だが、清衡の取りしきるべき奥大道には、そのような権威を望むべくもない。一介の地方豪族から身を起こした清衡には、武力の備えはあれども、万人に仰ぎ見られるような権威が乏しかった。その不足を補うためには、仏教の権威に頼るしかない。仏の道だということになれば、通行を妨げたり、通行人から金品を巻きあげたり、勝手に田畠に模様替えする、などの不心得者はいなくなるのに違いない。そういう狙いだったのではあるまいか。

そういえば、同じころに、東南アジアのクメール王朝では、アンコールワットのある首都から地方に延びる軍用幹線ルートの道筋の要所要所に、仏・神像が立てられていた。それによって、わたくしの道にはあらず、「王道」すなわち仏・神に加護される公共の道なり、とするアピール効果を発揮していた。

いずれの時代、いずれの場所でも、わが施策は、わたくしのためにはあらず、公共の利益に供するためなりとするアピールに懸命な為政者の姿を見てとることができるであろうか。

壮観であった。みちのくを縦断する幹線ルートの道筋に沿って、五〇〇〇本にも達しようかという金色に輝く笠卒塔婆が立ちならぶ風景を想い描くならば、そのような感想を抱くことにならざるをえない。

これまで、学界では、そのような風景を想い描くことについては、否定的な意見が多かった。話が大きすぎる。中尊寺ほかに残された伝説にすぎない。そのうえに、笠卒塔婆の実物が残されていないというわけである。だが、最近では、その記録（「寺塔已下注文」）の信頼度がみとめられる、あわせて中世における似たような事例が発見されるなどして、否定的な意見は少なくなってきている。笠卒塔婆は木製だったと考えられる。それならば、その実物が残されていなかったとしても、不思議でも、なんでもない。

一基の塔と多宝寺の建立

それでは、「一基の塔」ならびに「多宝寺」については、どうか。そのためには、東洋のバイブルともいうべき法華経《ほけきょう》に学ばなければならない。

すなわち、法華経におけるハイライトともいうべき場面には（巻四「見宝塔品《けんほうとうほん》」）、金銀宝石に飾られた巨大な宝塔が、インドの大地から湧出して空中に浮かんでいる。宝塔上に並座する多宝・釈迦の両如来のうち、釈迦如来が三千世界の衆生《しゅじょう》のために説法を始めようとしている。その瞬間に、釈迦の眉間《みけん》にある白毫《びゃくごう》から光線が発射されて、三千世界の衆生のありさまが映し出されるという、ハリウッド映画に勝るとも劣らない壮大なスペクタクルの物語がくり広げられていた。

そう、そう。多宝・釈迦の両如来が並座する多宝塔は三千世界の、すなわち大宇宙の中心だったのだ。その多宝塔（寺）を、平泉関山の頂上に、みちのく世界の中心に建てようとするのだから、尋常ではない。それによって、みちのく世界の中心は平泉なり。言いかえれば、平泉を中心として、みちのく世界の国づくりに邁進しようという、清衡の並なみならない決心が察知されるであろうか。

ならんで立てられた「一基の塔」には、法華経が奉納されていたのに違いない。それによっても、法華経による国づくり、すなわち仏教立国の大事業にかける清衡の決心が明らかであろうか。

しかも、そのうえに、「多宝寺」と「一基の塔」との中間に関路を通じて、旅人を通過させようというのだから、念が入っている。それらの左右に聳え立つ寺塔を仰ぎ見ることによって、法華経による国づくりにかける清衡の決心を、旅人は身をもって実感させられることになったのに違いない。

「多宝寺(塔)」が建立されて、落慶供養の儀が執りおこなわれた具体的な日時については、長治二年（一一〇五）二月十五日とする記録が残されている。それが事実ならば、清衡が平《ひら》泉館《いずみのたち》（政庁）を設営したとされる康和年中から数えて数年にも満たない日時における「多宝寺」の建立だったということになって、ますます興味深い。

平泉関山の辺りにおける寺塔の建立は、それにはとどまらない。嘉承二年（一一〇七）三月十五日には、「大長寿院《だいちょうじゅいん》」が建立されることになった。「二階大堂」ともいわれるように、高さ五丈（一五メートル）。威風堂々の多層建築であった。安置される本尊は、三丈の金色阿弥陀像。その左右には、「脇士《わきじ》」として、あわせて九体の丈六阿弥陀像がならんでいる。

その壮麗なたたずまいは、鎌倉殿頼朝《かまくらどのよりとも》を驚嘆させたばかりか、鎌倉に凱旋した後に、そのコピーたるべき寺院の建立に駆り立てたとする記録（『吾妻鏡』）さえも残されている。それが、鎌倉の永福寺《ようふくじ》、すなわち二階堂の始まりである。

さらには、両界堂《りょうかいどう》・金色堂、日吉社《ひえしゃ》・白山宮など、たくさんの堂宇がつぎつぎに建立されることになる。両界堂には、両部（金剛界《こんごうかい》・胎蔵界《たいぞうかい》）の諸尊（仏）が安置されて、金色に輝いている。金色堂には、天下の名工、藤原定朝《ふじわらのじょうちょう》の作風に違《たが》うことのない阿弥陀三尊像ほかが安置されて、これまた金色に輝いている。南方の日吉社、北方の白山宮は、「鎮守」として睨《にら》みを利かせている。

そして、最後の総仕上げとして、大治元年（一一二六）に、関山の谷あいの大池の辺りに建立されることになったのが、「鎮護国家大伽藍」なのであった。その落慶供養の大法要は、すなわち空前絶後のビッグ・イベントは、関山の辺りにおける、二十数年間に及ぶ、それらの諸堂宇の建立事業の積み重ねがなかったならば、ないしは清衡による一貫したリーダーシップの発揮がなかったならば、現実のものとはならず、夢幻《ゆめまぼろし》のままに終わったかもしれない。かえりみて、そのように痛感せざるをえない。

中尊寺のネーミングは、その最後の段階において、付与されることになったらしい。したがって、狭い意味あいでは、「鎮護国家大伽藍」だけが中尊寺と呼ばれるのにふさわしい。けれども、広い意味あいでは、清衡によって、関山の辺りに建立された堂宇すべてが、総じて「中尊寺」と呼ばれたとしても、不自然ではない。のちには、そのような広い意味あいで呼ばれることが多くなっている。

それならば、国づくりのはじめに建立された「多宝寺」は、中尊寺の諸堂宇のうち、トップに位置するという認識が生まれたとしても、不自然ではない。「多宝寺」の別称として、「最初院《さいしょいん》」の表現が用いられることになったわけである。

いま現在においては、それらの堂塔の多くが失われて、金色堂が当時のすがたをとどめているばかりである。けれども、鎮護国家大伽藍のあった大池の辺りにたたずめば、落慶供養の賑わいが眼前に、耳元によみがえってくるような気がしてならない。

都市平泉の建設

それでは、中尊寺の造営とセットになるべき都市平泉の建設については、どうか。そのためには、まずもって、清衡の宿館（政庁兼居館）のありさまから、すなわち平泉館《ひらいずみのたち》のありさまから、観察を始めなければならない。

宿館《しゅくかん》ないしは館《たち》とは、本来的には、京都から赴任してきた国守が寝泊まりする宿舎のことを意味した。陸奥国では、多賀城の国府域（府中）のなかに、陸奥守として赴任してきた国守たるべき貴族の宿舎があった。

同じく本来的には、国政は国庁にて、すなわち石敷きの床《ゆか》に朱の柱、瓦葺の屋根をいただいた中国風建築の庁舎にて執りおこなわれることになっていた。

ところが、一一世紀に入るあたりには、そのような厳《いか》めしい風情の国庁の建物を維持することは難しくなって、国守の宿舎にて、国政にあたることが多くなった。ただし、宿舎といっても、仮住まいの類ではない。四面に庇《ひさし》をめぐらした寝殿造《しんでんづくり》風の、すなわち和風の威風堂々の大邸宅であった。多賀城では、そのような大邸宅の遺構が、何か所か発掘されている。いまの感覚でいえば、県庁本体のビル（庁舎）を維持することが難しくなって、県知事の和風の宿舎で政務にあたるようになるということであろうか。

それならば、国守の宿館こそが、国政の中心であるとして、人びとの耳目が、こちらの方に集中することになったとしても、不思議ではない。人心の赴くところ、国守の宿館は、「御館《みたち》」の尊称をもって呼ばれる。さらには、国守その人も、「御館」の尊称をもって呼ばれることになる。

そのような国守の宿館ないしは館における住まいのかたちを、清衡が継承することになった。それによって、清衡が「御館」の尊称をもって呼ばれることにもなった。

国守でもないのに、なぜ、と疑問に思われるかもしれない。だが、いまや、清衡の声望は、度重なる戦乱を勝ち抜いてきた軍事的なリーダーとして、多賀城の国守に比べ称せられるまでになっていた。それならば、清衡の住まいが「御館」と呼ばれ、清衡その人も「御館」と呼ばれることになったとしても、不思議でもなんでもない。

多賀城の本来的な国府にならんで、平泉に第二の国府ができたようなものである。いまならば、県庁にならんで、第二の県庁ができたようなものである。清衡その人についていえば、もう一人の国守になったようなものである。ただし、清衡の時代には、本来的な「御館」（国守）の声望を凌駕するまでには及ばず。そのために、「平泉の御館」として、本来的な「御館」とは区別する呼びかたがおこなわれていたようだ。

平泉館の遺跡にて

清衡の宿館、すなわち平泉館《ひらいずみのたち》は、いまの柳之御所遺跡《やなぎのごしょいせき》、すなわち北上川を見おろす絶壁の岸辺に位置していた。その反対側には、猫魔《ねこま》が淵《ふち》のかたちづくる湿潤な谷地《やち》が入り込んで、西・南方面からの敵襲を阻んでいた。それら自然の防御施設に取り囲まれた遺跡の景観は、地中海に突き出したイタリア半島のすがたを想わせていた。

それなのに、わざわざ、猫魔が淵に落ち込む西・南の斜面の辺りには、さらには半島状に突き出した途中の北辺には、長大な空堀《からほり》がめぐらされている。その空堀のありさまが、発掘・調査によって確認されている。上幅にして、七〜一〇メートルほど。堀底までの深さが、五メートルほど。逆台形の堀である。大変な労力によって掘りあげられたものに違いない。

そのような立地のありかた、さらには長大な空堀などは、多賀城の国守の宿館には存在していなかった。さすがに、軍事首長・清衡の本拠地ならではの特徴、といわざるをえない。

それでは、肝心かなめの宿館の建物そのものについては、どうか。長大な空堀がめぐらされた中心部にあって、ひときわ目立つ威風堂々の四面庇《しめんびさし》の建物が存在していた。それが、平泉館の本体であった。

そこには、大広間（メイン・ホール）が設けられて、京都や多賀城ほか、内外の賓客が迎え入れられて、大小の政治的な折衝がおこなわれる。あわせて、盛大な酒肴《しゅこう》のもてなしがくり返されている。

さらには、外様《とざま》の大名・小名から譜代の直臣団に至るまで、清衡の傘下に属する大勢の人びとが二列に居ならんで、清衡との対面の儀に備える風景もみられた。そのために、特別に、縦長の建物が設けられていたのに違いない。

さまざまな節目ごとに執りおこなわれる主従対面の儀礼は、武家にとって不可欠のそれであった。主従の絆を確かめるうえで、さらには居ならぶ座次《ざなみ》（席次）によって人びとの序列を際立たせ、それによって縦型の秩序を確かめるうえでも、それが不可欠であった。そのさいにも、酒肴のもてなしがくり返されていたことは、いうまでもない。

そういえば、鎌倉幕府のばあいには、将軍が内外の賓客を迎え入れる寝殿造風の「御所《ごしょ》」

にあわせて、横座に陣取った将軍が、二列に居ならぶ御家人らに対面するために、特別仕様の縦長の建物「侍所《さむらいどころ》」が設営されていた。

今日の県庁では、内外の賓客を迎え入れる知事の応接室、ならびに節目ごとに職員を集めて知事が訓示する講堂（大会議室）、という両施設が不可欠とされている。それらの事例にも、対比することができるであろうか。

ただし、これまでの柳之御所遺跡の発掘・調査によって、清衡の時代における、それらの建物の遺構が確かめられるまでには至っていない。堀内部の、どちらかといえば北寄りの辺りに、数多くの柱穴ほかが検出されてはいるものの、平泉館の本体の「大広間」風の建物跡はどれか、「侍所」に相当する縦長の建物跡はどれか。それらが特定されるまでには至っていない。

けれども、清衡の孫、秀衡の時代にくだれば、「大広間」風と「侍所」風、二種類の建物跡が、同じく、堀内部の、どちらかといえば南寄りの辺りで、ほぼ、特定されるまでに至っている。それによって、清衡の事例を受けて、鎌倉幕府のそれにつながるような建物のならびがあったことが鮮明にされている。

それらの秀衡期に属する二種類の建物を復元整備しようとするプロジェクトが、岩手県によって進められている。そのために、発掘調査の成果を踏まえながら、考古学・建築史・歴史学ほかの相互乗り入れによる学際的な検討会がくり返されている。その一員に、筆者も参加させていただいている。

発掘・調査の現場では、中国渡来の白磁四耳壺《はくじしじこ》や渥美《あつみ》・常滑《とこなめ》産の四耳壺の破片が多く検出されている。そのうえに、辺り一面には、夥《おびただ》しい数量に達するカワラケ（土器）の破片が散乱している。

このような遺跡は、めったにあるものではない。四耳壺も、カワラケも、日常普段の食膳具にはあらず。それらは、貴族ないしは貴族的な人びとに好まれた特別の宴会儀礼に用いられる特別の食膳具であった。

たとえば、中国渡来の白磁四耳壺は、いまでいえば海外高級ブランドの最たるものであった。それに容《い》れた酒を注《つ》いでもらえば、格段のうまさだった。あわせて、宴会儀礼のホストたるべき亭主清衡の並みはずれたステータスを思い知らされたりもした。

渥美・常滑産の四耳壺は、中国渡来のそれのコピーとして製作されたものであった。今日ならば、偽《にせ》ブランドとして訴えられてもしかたがない。だが、それであっても需要が多く、品薄の状態であった。それらの優品が選りすぐられて、東海地方は渥美（いまは愛知県田原市ほか）、常滑（同県常滑市）の辺りからはるばると、平泉に届けられることになったわけである。

そして、カワラケは、宴会が終われば廃棄されてしまう。他人の口に触れることが忌避されたことによる使い捨ての食膳具であった。特別仕様の食膳具であった。宴会の翌日に一括して廃棄された痕跡が残されている。それに対して、日常普段の飲食には、木製の椀類が用いられていたことが知られている。

とするならば、柳之御所遺跡は、通常一般の遺跡にはあらず。特別に選ばれた人びとによる特別の宴会場だった。すなわち、賓客の応接ないしは主従対面にあわせて遂行された特別の宴会儀礼の会場だったということにならざるをえない。

したがって、四面庇の建物などについては確証をえないものの、それらの特別の酒器類の存在によって、この遺跡が清衡の平泉館なることは明々白々といわなければならない。

二本のメイン・ストリートと北上川の舟運ルート

都市平泉の背骨ともいうべき役割は、清衡の政庁たるべき平泉館と中尊寺を結ぶ街路によって担われていた。その街路の遺構が、発掘・調査によって確かめられている。

北上川を背にして、西方の里山の連なりを、平泉館から遠望するならば、中尊寺の堂宇を、なかでも金色堂の輝きを、容易に確かめることができた。反対に、中尊寺の側からは、平泉館の建物群を、さらには北上川に浮かぶ船影をも、確かめることができた。それらの都市形成の起点ともいうべき二つのビュー・ポイントが、一本の街路によって結びつけられていたのである。

このように、「寺院と政庁を結ぶ一本の街路に沿ってのみ都市的な場がある」という「宗教都市としての原風景」は、同じく武人のリーダーシップによって形成された鎌倉や江戸などにも共有されることになった。そのうえに、「インド的な秩序」にもとづく、このような都市形成の原理は、アジア的な広がりを有していた。それらのことが、玉井哲雄氏によって、指摘されている。確かに、その通りかもしれない。

すくなくとも、このような都市形成の原理が、天皇の住まいする内裏《だいり》（政庁）から南北に延びるメイン・ストリート（朱雀大路《すざくおおじ》）を中軸とする京都的な原理とは、すなわち世界帝国・唐の長安をモデルにする古代的な原理とは、まったく異質であったことには間違いがない。

これまでは、都市平泉の構造は、京都のそれにならって、南北の中軸街路に即した碁盤目のようなそれであったと見なされてきた。そのために、小京都と呼ばれたりもした。しかし、いまでは、寺院と政庁を結ぶ東西の中軸街路に即した新しいタイプの都市として、すなわち鎌倉や江戸の、さらには日本における城下町の原風景をかたちづくる都市として見直されるようになっている。

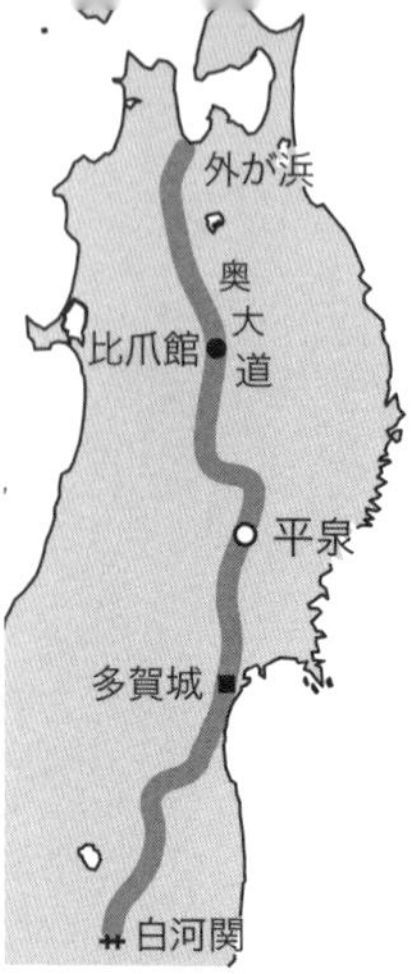

奥大道
白河関（福島県白河市）から外が浜（陸奥湾岸）に通じる幹線道路

柳之御所遺跡大堀発掘現場
橋脚の遺構(大穴)が手前にならんでいる

笠卒塔婆復元模型
(平泉文化史館蔵)
＊復元設計・監修　故藤島亥治郎　東京大学名誉教授

全盛期の平泉の地図　奥大道は、平泉館から続く一直線の道と交差し、関山中尊寺の頂上に達する

ただし、その東西の街路に交差するかのように、もう一つのメイン・ストリートたるべき奥大道が南北に貫いて、関山中尊寺の頂上に達していた。さらには、衣川を渡って、北方に延びていた。

秀衡の時代には、その奥大道のメイン・ストリートが市街地に入って、観自在王院《かんじざいおういん》の門前に達する辺りには、数十町に及ぶ「倉町《くらのまち》」が沿道に展開して、数十宇（軒）に及ぶ「高屋《たかや》」（高床式の倉庫）が建ちならんでいた（「寺塔已下注文」）。その端緒の形成は、清衡の時代にまで遡《さかのぼ》るものか、どうか。気にかかる。いずれにしても、その南北のストリートのことを、忘れてはならない。

それらの二つのメイン・ストリートが交差するのは、中尊寺に登る入り口の辺りだったのに違いない。いまでも、観光客で賑わっている、その辺りである。

あわせて、平泉館のすぐ東側には北上川の流れが、舟運ルートをかたちづくっていた。平泉館の東側の空堀には、その舟運ルートにアクセスする橋が架けられていた。その橋脚の遺構が確かめられている。そのほかに、北上川の本流から衣川に入り込んだ辺りには、本格的な湊《みなと》が設営されて、物流の拠点として賑わっていたらしい。

清衡の一族・家臣が住まいする家宅は、平泉館を取り巻くように展開して、軍事首長の「ベース・キャンプ」「駐屯地」ないしは「宿営都市」の景観をかたちづくっていた。

そのうえに、中尊寺の丘陵部に展開する堂塔や山下の辺りに散在する僧衆の住まい（坊舎）がかたちづくる「宗教都市」の景観にも、不足するところがない。

さらには、政庁・寺院、それぞれの施設に出入りの職人・スタッフの住まいも周辺に展開していたのに違いない。そのほかにも、奥大道や北上川の物流に関わる倉庫群や湊などの施設が設営されていたのに違いない。

それらの大小の家宅・坊舎や諸施設などは、二つのメイン・ストリートや舟運のルートに連なる要所要所に設営されて、それなりの賑わいをかたちづくっていたのに違いない。

そもそも、そのような水陸物流の大動脈に対するアクセスに恵まれることがなかったならば、清衡の都市建設の場として、平泉の地が選択されることもなかったのかもしれない。

いずれにしても、中尊寺ならびに平泉館を起点とする、国づくりと都市建設の長期にわたるプロジェクトの推進。それがなければ、中尊寺落慶供養の晴れの日を、清衡は迎えることはできなかった。そのことだけは、確実にいえるであろうか。そのような意味でも、中尊寺落慶供養のビッグ・イベントは、清衡の人生の総決算のあらわれにほかならなかった。

ただし、平泉館にならんで、奥六郡《おくろくぐん》のうち、志和郡に比爪館《ひづめのたち》が設営されて、それより以北に横たわる広大なエリアにおける、すなわち志和・岩手から鹿角《かづの》・比内《ひない》・糠部《ぬかのぶ》、津軽方面に及ぶ広大なエリアにおける国づくりのプロジェクトを分担させられていた。そのことを見逃してはならない。

比爪館には、清衡の息子ないしは末弟に始まる一族が派遣されていたとされる。そして、比爪館から北方世界に向かう峠の辺りには、清衡の勧請になる「大道祖《だいどうそ》」の神が祭られていて、睨みを利かせていたとされる。その近辺には、高水寺《こうずいじ》の古刹が設営されていて、奈良時代以来の由緒を誇ってもいた。

その比爪館跡の辺りでは（いまは岩手県紫波町《しわちょう》）、最近の発掘・調査によって、平泉館に匹敵するような白磁や常滑・水沼《みずぬま》（いまは宮城県石巻市）産の陶磁器やカワラケが大量に出土して話題になっている。それなりの都市的な場もかたちづくられていたらしい。二〇一四年、岩手県立博物館では、「比爪―もう一つの平泉―」の展示が開催された。これからの研究の進捗が俟《ま》たれるところである。

骨寺村における仏国土の建設

だが、それだけではない。それらの仏教にもとづいた国づくりが、都市平泉の建設が推進されるなかで、仏教にもとづく村づくりのプロジェクトもまた、着実に推進されていた。

たとえば、都市平泉の郊外、西方の山間部に五キロメートルほど分け入った谷あいの小村が、骨寺村《ほねでらむら》（いまは岩手県一関市厳美町本寺地区《げんびちょうほんでらちく》）である。十和田の火山灰が北奥羽の一帯に降り注いだ直後、一〇世紀前半あたりに移住してきた五〜六戸の村人らのくらしは、湧水や沢水を利用した狭小な水田のほかに、野畠・山畠・桑畠、それに加えて栗林のもたらす果実や用材によって支えられていた。

かれらは平姓《たいらせい》を名乗る一族で、首人《おびと》と呼ばれるリーダーによって統率されていたらしい。いまだかつて、仏像を見たことも、拝んだこともない人びとであった。

かれらの祭る神々の最たるものは「駒形根《こまがたね》」、すなわち駒形の残雪が美しい高嶺であった。その残雪のかたちが出現するのを待って、田植えが始められた。その高嶺の神を身近に拝むために、村の中心近くに、その里宮《さとみや》が祭られてもいた。中世には「六所宮《ろくしょのみや》」、近世には「お駒堂《こまどう》」「馬頭観音堂《ばとうかんのんどう》」、いまでは「駒形根神社《こまがたねじんじゃ》」と呼ばれているのが、それである。

そのほかにも、村の中心部、湧水の辺りには、首人の屋敷に隣りあわせて、「宇奈根社《うなねしゃ》」の水神が祭られていた。

その小さな山村に、仏教がもたらされたのは、一二世紀の初頭。中尊寺の造営が始められ、都市平泉の建設が始められた、ちょうど、そのあたりであった。それをもたらしたのは、清衡のブレーンとして、中尊寺の造営をリードした天台宗の僧侶であった。その名を自在房蓮光《じざいぼうれんこう》という。中尊寺が完成した暁には、経蔵別当《きょうぞうべっとう》として、重きをなした人物である。

経蔵は寺院として不可欠の施設であった。いまの大学にたとえるならば、図書館にあたる施設である。だが、経蔵別当には、教学方面のトップとして、清衡のブレーンとして、大学の図書館長をはるかに超越する権威が具わっていたらしい。

その蓮光に率いられた僧衆が骨寺村で最初に着手したのは、天台宗延暦寺の鎮守たるべき山王神《さんのうしん》を、村近くの窟《いわや》に勧請《かんじょう》することであった。その窟には、前まえから僧が訪れて、修行の場とするなどして、霊場としての雰囲気が具えられていた。そのような土台があればこその山王神の勧請であった。

あわせて、村人らのくらしを見おろす岡辺には、蓮光をトップにすえる天台宗の寺院が建立されることになった。

さらには、中尊寺方面から村へ通じる「馬坂新道《まさかしんどう》」が開削されることになった。これまでは、かろうじて一人が通行できる「古道」があるだけだった。磐井川《いわいがわ》の崖っぷちの危険な道だった。それに対して、「馬坂新道」は、その名の通り、馬が通行できる安全かつ便利な道であった。スーパー・ハイウエーともいうべき道だった。崖っぷちの難路を迂回するようにして開削された峠越えの道だった。

この道が村の入り口に差しかかる辺りには、経塚《きょうづか》が造営されていたらしい。発掘・調査によって、その可能性が確かめられている。奥大道に立てられた阿弥陀仏の笠卒塔婆群に同じく、交通路の公共性をアピールするための施策であったろうか。いずれにしても、これによって、中尊寺との太いパイプが確保されたことには間違いがない。

そして、いよいよ、水田の開発である。湧水や沢水の辺りは、先住の村人らによって占拠されている。したがって、蓮光らによる開発は、村内を貫流する小河川（中川《なかがわ》、桧山川《ひやまがわ》、いまは本寺川《ほんでらがわ》とも）を一時的に堰《せ》きあげて、その水流を水田に注ぐという人工灌漑の手法によって推進されることになった。

それによって、小河川の岸辺には、新しい水田が開発され、あわせて新しい耕作者が招き寄せられることになった。それらの五〜六戸の新住人の多くは、佐藤姓を名乗っていたらしい。いずれにしても、蓮光らの開発によって、水田の面積も、住人の戸数も、倍加することになった。そのことには、変わりがない。

そのうえに、新旧二種類の住人からなる村の取りしきりのために、蓮光のスタッフが駐在する大型の建物（「荘園管理事務所」）が設営されることにもなった。ただし、それによって、首人のリーダーシップが否定されてしまったわけではない。蓮光のスタッフにならんで、首人もまた、旧住人の取りしきり、そのほかに活躍していたらしい。ならびに、駒形根・宇奈根社ほか、在来の信仰も廃れずに、存続していたらしい。

このようにして、中尊寺経蔵別当の取りしきる所領（「荘園」）として再出発を果たした骨寺村は、その後、南北朝末期に至るまで、長期間にわたって、山王窟の霊場ならびに中尊寺の存立をサポートし続けることになった。

中尊寺に伝えられる鎌倉末期の絵図（二枚）には、新旧住人の系譜に連なる村人らのくらしぶりが、手に取るように描き出されていた。在来の神々にあわせて山王窟・白山社・「骨寺堂跡」（天台宗寺院跡）ほか、新たに導入された中尊寺関連の堂社がみえている。さらには、新旧の道路のルートさえも、しっかりと書き込まれている。

在来の小村に、外来の仏教がもちこまれて、仏教色にあふれる農村景観がかたちづくられる。だが、それによって、在来の景観が否定されたわけではなく、仏教以後と仏教以前、二つの景観が重層的・複合的な関係をかたちづくっている。

このような仏教受け入れのプロセスは、その当時、日本の農村に、さらにはアジアの農村に、共通して存在していたのに違いない。だが、外来の仏教がもちこまれて、新しい農村景観がかたちづくられる。その瞬間を描き出している絵図が伝えられているのは、骨寺村のばあいだけである。そのうえに、その絵図の景観が、すなわち日本農村の原風景が、さらにはアジアの農村の原風景ともいうべき景観が、いま現在に伝えられているのだから、すばらしい。骨寺村だけでも、世界文化遺産に登録される価値ありといっても、差支えがない。

ただし、絵図に描かれている「骨寺堂跡」については、その場所が特定されていない。蓮

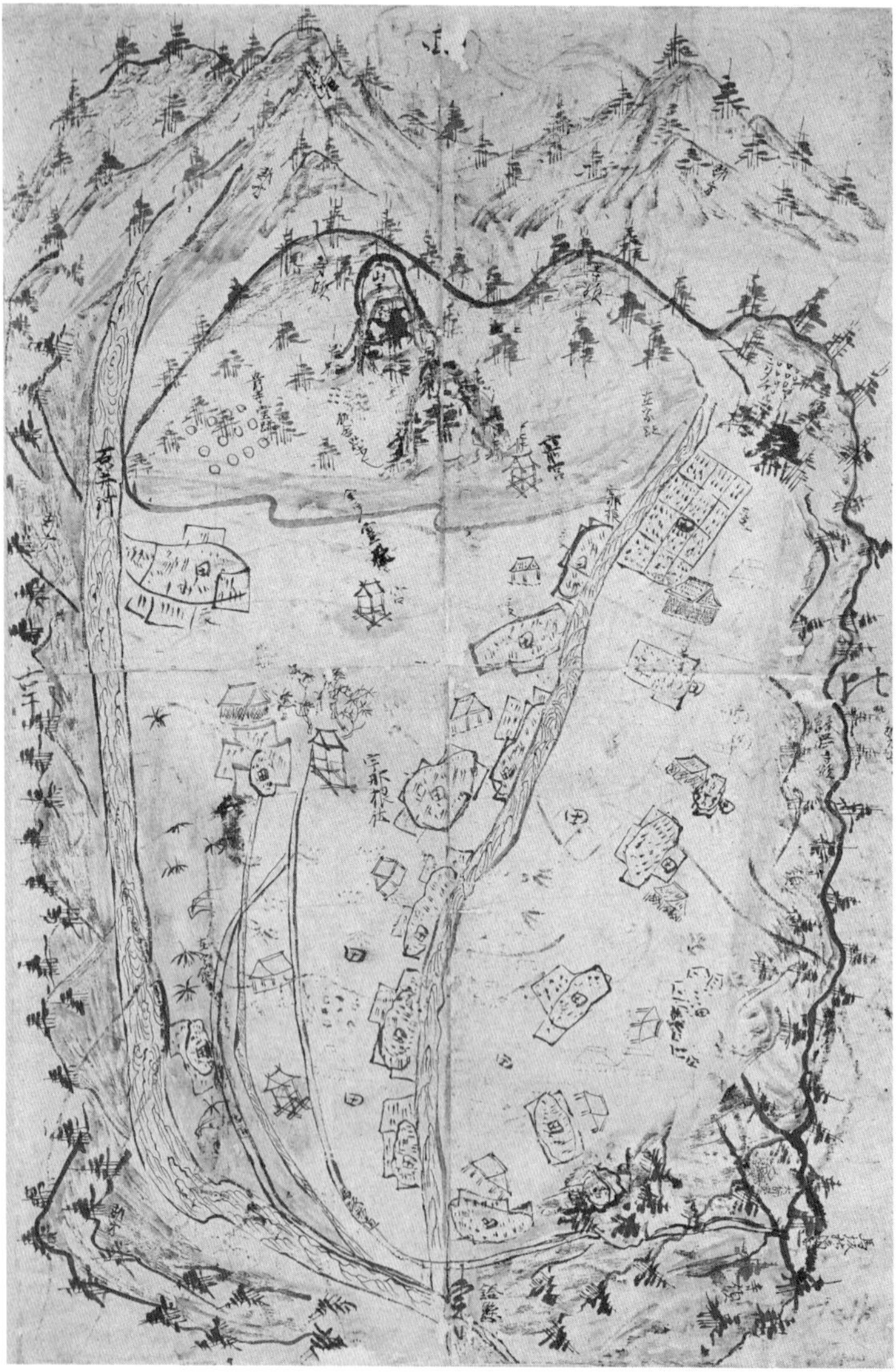

「陸奥国骨寺村絵図」（中尊寺蔵）

空からみた現在の骨寺村（本寺地区）（一関市教育委員会骨寺村荘園室提供）

光の遺骨を祀ったことから、その名で呼ばれるようになった。さらには、骨寺村の名づけのもとにもなったと考えられる、その由緒ある「骨寺堂跡」のありかが判明するならば、どんなに、うれしいことか。近い将来における調査の進展に期待したい。

だが、骨寺村だけではない。仏教にもとづいた村づくりは、すなわち農村における仏国土建設のプロジェクトは、清衡のリーダーシップの及ぶところ、随所において、推進されていたらしい。さらにいえば、清衡だけではない。そのプロジェクトは、基衡・秀衡によって、継承されることにもなったらしい。

「陸奥・出羽両国に一万余の村あり。その村毎《むらごと》に伽藍を建て、仏性燈油田《ぶっしょうとうゆでん》を寄附する」

と伝えられていることは、すなわち清衡による一万余村の寺院建立が伝えられていること は(『吾妻鏡』文治五年九月廿三日条)、仏教にもとづいた村づくりが大々的に進められたことのシンボリックな表現であったろうか。

さらには、清衡・基衡・秀衡の三代にわたって、「造立する所の堂宇、幾千万宇を知らず」と伝えられてもいる。これまた、同じく、ということであったろうか。

そういえば、柳之御所遺跡からは、「磐前村印《いわさきむらいん》」の文字をあらわす不思議な角印(銅製)が出土している。古代国家によって用いられた国印・郡印に連なるかたちには違いないが、古代国家によって村印が用いられた事実はない。そのような村印を用いた政権は、日本史上、平泉の前にも、後にも、見出すことができない。それほどまでに、平泉の政権は、村レベルにおける統治に、すなわち、北奥羽における伝統的な統治スタイルにこだわっていた、ということであろうか。

第3章

東アジアのグローバル・スタンダード

白磁水注（文化庁蔵　平泉文化遺産センター提供）

閩国王の先例に学んで

多宝塔（寺）の建立を出発点にする仏教立国のプロジェクトによって、そして寺院と政庁を結ぶ幹線道路を中軸とする都市建設のプロジェクトによって、さらには仏教と連携する村づくりのプロジェクトによって、日本史のうえで、偉大な先駆者として、清衡が位置づけられるべきことが、次第に浮かびあがってきた。

だが、広く、東アジア世界に目をやるならば、清衡だけが先駆者だったとするわけにはいかない。清衡のほかにも、先駆者が存在していた。

たとえば、世界帝国・唐の王朝が衰退して、五代十国の群雄が割拠する状態が訪れた。清衡の登場に先駆けること、二〇〇年あまりのことである。それらの群雄が割拠する五代十国の一つで、いまの中国・福建省を縄張りにしていたのが、閩国《びんこく》である。その閩国を樹立したのは、王審知《おうしんち》と呼ばれる人物であった。

かれの業績については、その概略が『十国春秋《じっこくしゅんじゅう》』（巻九〇、閩一、太祖世家）に載せられている。それによって、振り返ってみることにしたい。

王審知は、一介の地方豪族であった。もしくは、地方軍閥の一員であった、といっても差支えがない。

けれども、次第に縄張りを拡大するなかで、中原《ちゅうげん》の王朝によって、長兄の潮《ちょう》が「福建観《ふっけんかん》察使《さつし》」「節度使《せつどし》」に任命されるあたりには、王兄弟の声望は揺るぎないものになっていた。

そして、八九八年には、長兄の死によって、その地位を継承するのにあわせて、「威武《いぶ》軍留後《ぐんりゅうご》」「金紫光禄大夫《きんしこうろくだいふ》」「右僕射本軍節度使《うぼくしゃほんぐんせつどし》」ほか、中央・地方の官職に、審知は任命されることになった。

そういえば、清衡のばあいにも、奥六郡《おくろくぐん》・山北三郡《せんぼくさんぐん》から、北奥羽の一円へ、さらにはみちのく世界へ、というように縄張りを拡大するなかで、中央政府により、「押領使《おうりょうし》」ほかの官職に任命されることがあった。さらには、「御館《みたち》」と呼ばれることによって、中央政府から派遣される国守にならび立つステータスに昇ることになった。これは、興味深い。

王審知はさらに、翌年には、都市福州のまわりに、長大な城壁、すなわち「羅城《らじょう》四十里」を、めぐらすことになった。その城壁の北門には毘沙門天像《びしゃもんてんぞう》が、翌々年に安置されている。

そのうえで、王審知による本格的な都市建設が開始されたのは、九〇四年のことである。はじめに建立されたのは、「報恩定光多宝塔《ほうおんじょうこうたほうとう》」である。それによって、父母や長兄から受けた恩に報いたいとする趣旨であった。

つぎには、甘棠港《かんとうこう》の開削である。それまでは、海上から閩江《びんこう》の河流を遡上しようとする船舶は、黄崎の岩塊に妨げられて、福州にまで到着することができなかった。それに対して、審知は、海神に祈り、「一夕雨雷」「震撃」によって岩塊を砕き、安全な航路を開削することに成功する。その結果、閩江の河岸《かし》には、海上からのルートを経由して、「仏斉諸国」（マラッカ海峡域の都市国家群）など、南海方面の物産が運ばれてきて、福州の賑わいが、一挙に加速されることになる。審知の「徳政」なりと人びとが噂する。そのうえに、中原の王朝にまで聞こえて、その河岸に対して「甘棠港《かんとうこう》」の号を賜ることにもなる。

そういえば、清衡のばあいにも、平泉関山の頂上に、多宝塔を建立することにあわせて、奥大道の幹線道路、さらには北上川舟運の整備に尽力することがあった。それによって、北方世界から、京都方面から、さらには博多湊を経由して大陸方面から、さまざまな物産が都市平泉に将来されることになった。これまた、興味深い。

そして、翌九〇五年には、審知は五四一函（箱）に納める五〇四八巻の一切経を整えて、開元寺寿山《かいげんじじゅざん》に、安置することになった。さらに、翌九〇六年には、一丈六尺（丈六）の金銅仏像、ならびに一丈三尺の菩薩像を鋳造して、開元寺寿山の塔院に安置する。また、審知が死去する前々年にあたる九二三年に及んでは、一三か所の鍛冶場を設けて、釈迦・弥勒の大仏を鋳造して、中原の王朝から「金身報恩之寺《こんしんほうおんのてら》」の勅額を賜る。あわせて、「金銀万余両」をもって金銀字の一切経五〇四八巻を、四セットも書写する大事業に乗り出している。

なにからなにまで、清衡のやっていることに通じているではないか。すなわち、鎮護国家大伽藍を建立して丈六の皆金色釈迦三尊像を安置する。金銀泥一切経一セットを書写する。中央の王朝から御願寺の金看板を賜る。など、清衡がやっていることは、どれをみても、王審知の先例に合致しているではないか。ただし、審知の方が、金銀字一切経の書写だけでも四セットに及ぶなど、規模において優越するところありとするような感慨を禁じえない。

中原の王朝との外交・折衝ということでは、九〇九年、中原の王朝によって、「閩王」の位を授けられる。さらには、九二四年、中原の王朝に対して、金・銀・象牙・犀珠・香薬・金装宝帯・錦文織成菩薩幡ほかを献上する。などのこともあった。それらの献上品の多くは、甘棠港の開削によって可能になった海上交易によってえられた南海方面の物産だったのに違いない。

これまた、奥大道の整備によってえられた北方世界の物産を京都方面に献上する。という清衡の事例にたとえることができるであろうか。

王審知による国づくりは、仏教の興隆を柱にするものであった。それによって、王国の存立する国内的・国際的な環境を整えようとするものであった。審知が建立した寺院は、二六七か所にのぼる。のちに耕地の大半が寺領荘園に組み入れられて、「仏国福建」と呼ばれることになる土台は、審知によって築かれたといっても差支えがない。竺沙雅章氏ほかによって解明されている通りである。

またまた、「陸奥・出羽両国に一万余の村あり。その村毎に伽藍を建て、仏性燈油田を寄附する」と記されることになった清衡の事績、すなわち「仏国土」づくりのそれにたとえることができるであろうか。

いずれにしても、世界帝国・唐の衰退によって、周辺地域における国づくり・都市建設の勢いが一挙に加速されることになった。あわせて、唐の世界帝国モデルは過去のものになって、新しい仏教モデルが国づくり・都市建設のそれとして採用されることになった。すなわち、仏教モデルが、東アジアのグローバル・スタンダードとして採用されることになった。そのことには、疑う余地がない。

そのような東アジア世界の大きな流れのなかで、王審知が福建省に、そして清衡が日本に登場することになったのである。

それにしても、そのような国際的な潮流を、具体的には王審知による仏教立国・仏教都市建設の先例を、いかにして、清衡は学ぶことができたのであろうか。大きな問題である。それを解明するためには、清衡その人の国際感覚にまで踏み込んで考えてみなければならない。

南都・北嶺の諸大寺から中国天台山国清寺まで

清衡が都市平泉の主《あるじ》となってから三三年の間に、わが国では延暦寺、園城寺《おんじょうじ》、東大寺、興福寺などから、中国では天台山国清寺《てんだいさんこくせいじ》に至る内外の諸大寺において、寺ごとに、千僧を供養した。すなわち千僧供養のビッグ・イベントを開催したと記録されている（「寺塔已下注文」）。千人の僧衆に対する布施だけでも、砂金千両が必要とされる。それだけでも、大変な経費である。そのためもあって、これまで学界では、否定的な意見が多かった。話が大きすぎる。中尊寺ほかに残された伝説にすぎないというわけである。だが、最近では、その記録の信頼度がみとめられる。あわせて中世における似たような事例が発見されるなどして、否定的な意見は少なくなってきている。

たとえば、延暦寺に関しては、「清衡が、山の千僧供のために、保《ほ》を立て、七百町を籠《こ》める」と、貴族の日記に記録されていた（『中右記』）。「山」とは延暦寺の略称にほかならない。そこで開催する千僧供養の費用を捻出するファンド（財源）として、保（荘園の一種）を立てる。すなわち、延暦寺名義の荘園を設立して、七〇〇町（約七〇〇ヘクタール）の水田を囲い込んだというわけである。

国有地を勝手に囲い込んでしまったわけだから、多賀城の国司が怒ったことは、いうまでもない。両者の間に、武力衝突が発生するまでになった。だが、清衡が結託する延暦寺の権威には逆らい難い。さらには、白河上皇が黒幕として控えている。中尊寺落慶供養のビッグ・イベントほか、さまざまな機会を利用して、京都方面との太いパイプを築きあげてきた清衡の執念が実ったかたちになった。あれや、これやで、清衡の横車がまかり通るかたちになった。清衡死去の前年、すなわち大治二年（一一二七）のことであった。

つぎには、園城寺である。山門（延暦寺）に対して寺門、とならび称せられた大寺のことである。

鎌倉前期の説話集『古事談《こじだん》』には、興味深いエピソードが収められていた。「さんぬる年頃、鎮守府将軍清衡が、砂金千両を寺僧千人に施す」と。あわせて、そのうち「五十人分」「五十両」をもって、「龍宮の鐘」を購入することになったとも記されている。

それによって、園城寺においても、清衡の千僧供養が開催されて、一人に一両、千人の僧衆に千両の砂金が施されたことが察知される。ただし、清衡が「鎮守府将軍」だったりする事実はない。秀衡のことが誤って伝えられたのに違いない。

東大寺・興福寺については、直接的な証明はおこない難い。だが、その痕跡がないではない。

そして、中国は天台山国清寺である。この寺についても、直接的な証明はおこない難い。だが、その傍証ともいうべき説話がないではない。『参考源平盛衰記《さんこうげんぺいじょうすいき》』ほかに、それが収められている。

それは、奥州の砂金にまつわる物語であった。すなわち、その奥州の砂金千両をもって、阿育王山《あいくおうさん》（寺）における御堂《みどう》の建立、ならびに供米田《くまいでん》（荘園）の寄進を申し出る書状を、宋国皇帝宛に託した平重盛《たいらのしげもり》の物語であった。平泉では、清衡の孫、秀衡の時代にあたっている。

その書状を受けて、皇帝は、五百町の供米田の寄進にあわせて、宝形造《ほうぎょうづくり》の御堂の建立を命ずることになった。

それとは別に、砂金二百両をもって、重盛息災の祈禱を依頼するべく、阿育王山の衆徒《しゅうと》らに宛てた書状も記されている。そのために、重盛死去の後には、「大日本国武州太守平重盛神座」と過去帳に記されて、菩提を弔われる。などのことがあった。

そのあたりには、明州《めいしゅう》（寧波《ニンポー》）の郊外に位置する阿育王山に参詣する日本人の僧俗は、引きも切らず。たとえば、重源《ちょうげん》・栄西《ようさい》が参詣し、将軍源実朝《みなもとのさねとも》が参詣を企てたことが知られている。さらにいえば、それらの参詣の背景には、平清盛《たいらのきよもり》のリーダーシップによってもたらされた、明州―博多を結ぶ交易の隆盛があったことが知られている。そのような流れからするならば、清盛の後継者たるべき重盛によって、阿育王山の関連にて、奥州の砂金が献上されることになったとしても、不思議ではない。

それならば、清衡によって、同じく明州の郊外に位置する天台山国清寺の千僧供養との関連にて、砂金が献上されたとしても、これまた、不思議でも、なんでもない。

清衡の時代には、阿育王山にはあらず。天台山国清寺が、東アジア世界における仏教の総本山ともいうべき地位にあって、日本の僧俗の参詣先になっていた。同じく、清衡の時代には、すでに、博多の浜辺に、唐坊《とうぼう》（チャイナ・タウン）がかたちづくられていて、出入りの日本人との間に商談が交わされる光景が現出されていた。のちに詳しく述べる通りである。

いずれにしても、その興味深いエピソードによって、東アジアの仏教のスタンダードを見すえる清衡の国際感覚は、尋常ならざるレベルに達していた。そのことについては、疑うべくもない。

そのような卓越した国際感覚がなかったならば、王審知の先例に学ぶことも、具体的には多宝塔の建立をもって国づくり・都市建設のはじめとすることも、発想することさえも、かなわなかったのに違いない。

それにしても、大変なコマーシャル効果である。南都《なんと》・北嶺《ほくれい》の諸大寺にて千僧供養を催すということは、今日ならば、主要なテレビ局の番組を買い切って、ゴールデン・タイムに清衡の映像を流すような効果である。京都方面ばかりか、中国でも、それを敢行したというのだから、尋常ではない。それによって、清衡の声望は、京都方面ばかりか、海を越えて、東アジア世界にまで及ぶことになった。

こうなってしまえば、たとえば、清衡を未開野蛮の王呼ばわりをして、京都側から追討の軍勢を差し向けるなどのことは不可能ということに、ならざるをえない。

明州―博多―平泉

明州郊外の国際的な霊場、阿育王山（寺）における御堂の造営、ならびに息災の祈禱ほかを願うべく、平重盛が書状を託した人物は、博多湊のチャイナ・タウンに在住の中国渡来の商人であった。その名は妙典《みょうてん》。その商人に対しても、礼物として、砂金百両が給与されたことが知られる。

その当時、福建省方面に設営された夥しい窯場からは、四耳壺・碗・皿をはじめとする白磁の容器が、東アジア世界の各地に、さらには南海からインド洋方面にまで輸出されていた。そのために、福建省方面の沿岸には、明州・泉州ほか、多くの湊が栄えることになった。王審知によって開削された「甘棠港」も、その例外ではない。

そのうち、日本・琉球・朝鮮方面に向けて開かれた最大の湊が、明州のそれなのであった。

白磁四耳壺（柳之御所遺跡出土　岩手県教育委員会蔵）

渥美刻画文（袈裟襷文）四耳壺（柳之御所遺跡出土　平泉文化遺産センター蔵）

王審知頌徳碑　福建省福州市

常滑三筋壺（志羅山遺跡出土　平泉文化遺産センター蔵）

閩江風景　福建省福州市

10～12世紀の東アジア

本書に登場する東アジア世界の主な都市と湊、ならびに陶磁器の生産地である代表的な窯を地図上にあらわした。
また、10世紀はじめに栄えた王審知が建国した閩国の領域をしめした。

●東アジアの主な都市と湊、陶磁器の窯
■閩国（909～945年）の領域

参詣の人で賑わう天台山国清寺　浙江省天台県

明州からは、多くの商人が博多に来住して、唐坊《とうぼう》と呼ばれるチャイナ・タウンをかたちづくっていた。かれらのくらしぶりは、秋の季節風に乗って来住し、翌年初夏の季節風に乗って帰還するというものだったらしい。重盛の書状を託された妙典は、その一人だった。

白磁は、中国が誇る世界的なブランドであった。中国のほかには、工人（技術者）がいない。そのために、世界各地の王侯貴族が、こぞって、白磁を買い求めることになった。世界的な人気の工業製品ということでは、今日でいえば高品質の自動車、パソコン、スマホほかにたとえることができるであろうか。

その白磁が、日本に入ってきたのは、一一世紀になってからである。東アジア世界のなかでは遅れ気味ながらも、輸入が開始された後には、急激な伸びをしめした。そのために、博多のチャイナ・タウンの辺りには、白磁があふれかえることになった。その千年の後、地下鉄工事による発掘・調査によって、その辺りから大量の白磁が出土して、「白磁の洪水」と呼ばれることにもなる。当然の成り行きである。

それらの白磁は、チャイナ・タウンに出入りの日本の商人によって、みちのくから琉球方面に至るまで、すなわち列島の各地に将来されることになった。

なかでも、平泉には、大量の白磁が、しかも四耳壺に代表される優品中の優品が、京都を経由しないで、瀬戸内海・太平洋沿岸のルートによって、直接的に将来されることになった。

博多の発掘・調査の現場では、四耳壺から碗・皿など、さまざまの器種の、ピンからキリまでの白磁が出土している。それに対して、平泉柳之御所遺跡ほかの発掘現場では、四耳壺などの優品が、すなわちピンにあたる高価の製品が卓越している。

博多から平泉への輸送コストを考えれば、廉価の製品では引きあわないという商人側の計算がはたらいていたのかもしれない。だが、それにしても、平泉には、高価の製品が目立ちすぎる。やはり、得意先たるべき平泉側における、なんとしても、四耳壺ほかの優品を入手したい。すなわち、平泉館における宴会儀礼において、人びとを魅了するための威信財として、なんとしても、白磁の優品を入手したいとする欲求の方が勝っていたのではあるまいか。ただし、白磁だけでは、需要を満たすことができない。そのために、それらのコピーとして渥美焼・常滑焼が製作されて、その優品が平泉に将来されることになった。前にも記している通りである。渥美（渥美半島）・常滑（知多半島）の辺りに設営された窯場から積み出される製品を買いつける上得意、すなわち日本一の顧客が平泉だったのである。なかでも、渥美焼については、その工人を平泉・水沼に招き寄せて、こちらで製作にあたらせることさえもあった。そのことが、八重樫忠郎氏によって指摘されている。

それならば、明州から博多へ、そして博多から渥美・常滑の太平洋沿岸を経由して、さらには北上川を遡って都市平泉に到達する交易のルートは、清衡の威信を支える生命線であったといっても差支えがない。明州の河岸《かし》(湊)、さらには博多のチャイナ・タウンがなければ、都市平泉の繁栄もなかったというわけである。

その生命線ともいうべき交易のルートを逆にたどって、白磁ほかのブランドの見返りとして、明州に将来されることになったのが、奥州の砂金であった。それによって、奥州の砂金の評判が、さらにはジパングの黄金伝説が、大陸方面に、さらには世界に流布することにもなった。中尊寺金色のイメージが拡大解釈されて、ジパングの王宮のそれがかたちづくられたとされているのは、不思議でも、なんでもない。

そのうえに、大勢の留学・巡礼の僧衆もまた、同じく交易のルートをたどって、具体的には博多湊に出入りする中国船に便乗するなどして、明州を目指すことがあった。かれらが帰国するのにあわせて、たくさんの経巻ほかが将来されることになったことは、いうまでもない。

そのような卓越した国際感覚を、ないしは東アジア世界のグローバル・スタンダードとしての仏教の認識を、清衡がかたちづくることができたのは、そのような交易ルートの生命線があったればこそのことであった。

それにつけても、奥州の砂金の担った役割は、偉大であった。ただし、砂金が存在しているだけでは、なんの役にも立たない。すなわち、博多を媒介とする国際的な交易ルートによって、奥州の砂金が白磁の威信財と結びつけられることがなければ、国づくりにとっては、なんの役にも立たない。平泉繁栄の秘密は、砂金と白磁の結びつきのなかに隠されていた。そのように考えることができるのかもしれない。

猛烈商社マンの大先輩

国内外に張りめぐらされた交易ルートは、都市平泉の生命線であった。だからといって、清衡がみずから交易の取りしきりにあたっていたというわけではない。

交易の現場には内外の商人が、たとえば博多湊に来住の中国商人や博多湊に出入りの日本商人が活躍していたのである。それらの商人が将来する内外のブランドほかを買いつける側に、清衡は立っていたのである。莫大な砂金が、その支払い手段にあてられたことは、もちろんである。だが、もしかして、清衡みずからが、各地にスタッフを派遣して、交易に携わらせていたとするようなイメージがあるとするならば、改められなければならない。

たとえば、『新猿楽記《しんさるがくき》』には、八郎真人《はちろうまひと》と呼ばれる商人の主（首）領が、俘囚《ふしゅう》の地（奥州）から貴賀（鬼界《きかい》）が島に及ぶ、すなわち薩南列島に及ぶ広域的な交易活動をくり広げ、あわせて博多に来住の中国商人との国際的な交易活動を展開していたことが、紹介されている。

「利を重んじて、妻子を知らず。身を念じて、他人を顧みず。一を持《じ》して万になし、壌《つちくれ》を搏《う》ちて金となす。言をもって他の心を誑《あざむ》き、謀《たばかり》をもって人の目を抜く一物《いちもつ》なり」とも記されている。

文章博士藤原明衡《もんじょうはかせふじわらのあきひら》によって『新猿楽記』が編纂された一一世紀中葉のあたりには、そのような猛烈商社マンの大先輩ともいうべき商人が出現していたことが明らかである。明衡は、中尊寺供養願文の「起草」にあたった文章博士、藤原敦光の父親にあたってもいた。それをもってしても、この物語の時代性が明らかであろうか。

八郎真人が取りあつかう商品の最たるものは、奥州の金であった。そのほかには、対馬の銀、阿古夜《あこや》の玉（真珠）、夜久《やく》の貝（夜光貝）、甲州の水晶、北奥久慈の琥珀《こはく》などが記載されている。そのうえに、絹・麻の繊維類、紅・紫・茜の染料、さらには鷲羽・色革などの原材料が数えあげられている。これら本朝（わが国）の物産が、博多湊を経由して、大陸方面に輸出されていくわけである。

それに対して、海を渡って将来された唐物《からもの》としては、沈香《じんこう》・麝香《じゃこう》ほかの香料、白檀《びゃくだん》・紫檀《したん》・赤木《あかぎ》ほかの銘木、金益丹《きんえきたん》・紫金膏《しきんこう》ほかの薬物、豹・虎の皮、犀《さい》の生角《いきづの》、水牛の如意《にょい》（僧のもつ棒状の仏具）、茶碗、瑠璃の壺、それに綾・錦の高級織物が数えあげられている。いずれも、大陸方面における、さらには南海方面における原産地から、明州を経由して、将来されたブランドの数かずである。

そのうち、紫檀・赤木など、熱帯雨林の産物については、平泉にまで運ばれて、中尊寺・毛越寺の建築部材に用いられている。赤木製の刀子《とうす》の鞘《さや》が、金色堂のミイラとともに残されている。沈香・麝香・犀角・水牛角、瑠璃・綾・錦などについても、平泉にまで運ばれて、平泉館内の倉庫（「高屋」）に、象牙の笛・玉の幡《ぎょくのはた》ほかにあわせて納められていたことが記録されている。

平泉に将来された海外ブランドのうち、白磁については、「茶碗」と記されているだけで、物足りない印象がないでもない。確かに、京都の公家社会では、白磁四耳壺に対する好みは、さほどでなかった。けれども、その好みを発展させたのは、すなわちそれを威信財として珍重することになったのは、平泉に始まる武家社会なのであった。小野正敏氏による指摘の通りである。日本の茶道における唐物好みは、その延長線上にあり。というような事情に鑑みるならば、「茶碗」と記されているだけでも、満足しなければならない。

そのうえに、秀衡の時代には、金売吉次《かねうりきちじ》と呼ばれる京都商人の活躍が物語られていた。すなわち、「三条に大福長者あり。名をば、吉次信高とぞ申しける。毎年、奥州に下る金商人なりける」と、『義経記』に記されている。あの義経を平泉に連れてきたとされる伝説の商人である。

それらの読み物や語り物の世界に登場する人物ばかりではない。実際にも、そのように列島を股にかけて、交易活動を展開する人びとの姿があったことが確かめられている。国内外に張りめぐらされた交易ルートにあわせて、かれら猛烈商社マンの大先輩ともいうべき人びとの活躍がなかったならば、清衡の卓越した国際感覚は、ないしは東アジアのグローバル・スタンダードとしての仏教の認識は、かたちづくられることができなかったのに違いない。

京都一極集中のおわり

一一世紀中葉のあたりまでは、古代国家による管理貿易がおこなわれていた。博多湊の鴻臚館《こうろかん》の管理事務所を通じて、国家に買いあげられた海外ブランドの唐物《からもの》は、京都に運ばれて、天皇・貴族による独占的な用益に供せられていた。地方には、官僚制のルートを通じて、国府・国分寺の辺りに、わずかの唐物が届けられていただけである。

唐物だけではない。政治・経済・文化・宗教、あらゆる方面における海外情報もまた、博多湊を経由して、京都に伝達されて、中央国家によって独占されていた。地方には、同じく、官僚制のルートを通じて、海外情報の一部が届けられていたのにすぎない。

そのような海外ブランド・海外情報の独占が、天皇・貴族の威信を保ち、中央国家の統治を円滑に受け入れさせるうえで、絶大な効果を発揮してきたことは、いうまでもない。

ところが、博多湊の鴻臚館と湾を挟んで向かいあう砂丘の浜辺に、突如として、中国商人が渡来して、チャイナ・タウン（唐坊）を形成することになった。そのタウンには、あの八郎真人のような日本商人が出入りして、活発な交易活動を開始することになった。それによって、白磁四耳壺をはじめとする唐物が、列島の各地にもたらされることになった。

すなわち、古代国家による管理貿易のシステムが形骸化させられて、地方の有力者のもとにも、民間交易のルートを通じて、海外ブランドの唐物が行き届くことになった。同じく、海外情報の受け入れにしても、また然り。

これまでの日本では、海外ブランド・海外情報にアクセスできるのは、中央都市に住まいする天皇・貴族の階層にとどまっていた。すなわち、一握りの階層にとどまっていた。

そのような状態が、列島における国際化の第一段階であったとするならば、博多湊にチャイナ・タウンが形成されてからこのかた、地方の有力者までもが、海外ブランド・海外情報にアクセスできるようになった状態は、国際化の第二段階と呼ばれるのにふさわしい。そのようにいうこともできるであろうか。

こうなってしまえば、天皇・貴族の威信にわけもなくひれ伏すような気にはなれない。同じく、中央国家の統治に無条件に従うような気にはなれない。

地方の有力者の心底に、自立的なメンタリティーが宿されることになった。すなわち、地方の時代を志向する潜在的な要因がかたちづくられることになった。これは、画期的なことである。

国内外にわたる民間交易ルートの発展によって形骸化させられることになったのは、古代国家による海外ブランド・海外情報管理の一元的なシステムばかりではない。あわせて、中央集権的な官僚制度のありかたにも、大きな転機がもたらされることになった。

これまでは、京都発の情報も、地方発の情報も、すべてが国郡制の官僚システムによって一元的に管理されてきた。京都側からすれば、地方発のすべての情報を独占的に掌握することができた。地方側からすれば、京都発の情報に頼るほかにはなく、そのために京都に依存するメンタリティーが醸成されることになった。

そのような京都と地方の間に横たわる圧倒的な情報格差がかたちづくられていなければ、すなわち中央集権的な官僚制度による一極集中の情報管理のシステムがかたちづくられていなければ、中央国家による列島の統治は不可能であったのに違いない。

ところが、国内外にわたる民間交易ルートの発展によって、京都発であれ、地方発であれ、あらゆる情報が自由自在に行き交うことができるようになった。具体的には、人の往来や物流が、国郡制の官僚システムのチェックを経ることなく、網の目のような民間交易ルートに乗って、自由自在に展開できるようになった。

こうなってしまえば、中央集権的な官僚制度にしても、京都一極集中の情報管理システムにしても、形骸化を免れることはできない。すなわち、京都が圧倒的な優位に立って、すべてを取りしきる古代社会のありかたは、地方が自主的に判断し発言する中世社会のありかたに転換することにならざるをえない。

古代から中世へという歴史的な転換について、教科書などでは、地方における武士の台頭に着目して、それが大きな転換の原動力だったとするような解説がおこなわれている。だが、地方における武士の判断力・発言力の伸長をもたらした根本の原因については、地方社会の混乱とか地方経済の発展とか、ありきたりの解説しかおこなわれていない。それでは不十分である。

これからは、国内外にわたる民間交易ルートの発展、国際化の第二段階の形成、京都一極集中のおわりなど、一連の事象を根本の原因として見すえたうえで、時代の転換をとらえようとするようなアプローチを選択しなければならない。

そのような時代の転換がなければ、それによって生み出される人心の変革がなければ、清衡による国づくりは、構想されることさえもかなわなかったのに違いない。片時も、それを忘れてはならない。

そういえば、天慶二年（九三九）には平将門《たいらのまさかど》が、圧倒的な武力を背景に、東国の自立を目指して、「新皇《しんのう》」を自称することになった。その将門によって採用された国づくりのモデルは、岩井（いまは茨城県坂東市南部）の地に王城を設営する。そのうえで、文武百官の除目《じもく》（人事）を断行する。たとえば、坂東八か国の太守《たいしゅ》（国守）には、身内・仲間の武将を任命する。などのことが記録されている。だが、それらの施策は、古代国家のそれをなぞったものにすぎなかった。すなわち、古代国家モデルの縮小版ないしはカリカチュアにすぎなかった。そのようなことでは、古代国家の向こうを張って、新しい国づくりを遂行することなど、できるわけがない。将門は、新しい国づくりのモデルを構想するための環境に恵まれていなかった。博多湊のチャイナ・タウンは、まだ生まれていなかった。八郎真人のような商人も、まだ登場していなかった。将門の登場は、あまりにも早すぎた。時代の転換に先んじること、大巾にすぎた。そのように、痛感しないわけにはいかない。

第4章

ハイブリッドな新人類の誕生

「前九年合戦絵詞」(東京国立博物館蔵　Image : TNM Image Archives)
安倍頼良(左)が源頼義(中央)に応対する

亘理権大夫藤原経清を父として

清衡が生まれたのは、天喜四年（一〇五六）とされる。『中右記目録《ちゅうゆうきもくろく》』大治三年（一一二八）七月廿九日条に、「去十三日、陸奥住人清平（衡）卒去云々、七十三」とあることなどから、逆算しての推測である。

清衡の父親経清《つねきよ》は、亘理権大夫《わたりごんのだいふ》。すなわち多賀城の陸奥国府に勤務する在庁官人の幹部職員であった。通常は、国府近くの家宅にくらしていたようだ。いまならば、宮城県庁の幹部職員といったところであろうか。亘理の呼称があるからといって、亘理郡にくらしていたわけではない。その呼称は、亘理郡の税収を給与されていたことによるものだったらしい。

だが、経清が安倍氏の女婿に迎えられて、清衡が生まれたあたりには、在庁官人の現役を退いて、OB《オービー》として、近隣に威風を及ぼすような存在になっていたらしい。「私兵八百余人」を養っていたことが知られる。もしかすると、そのあたりには、亘理郡に根を下《お》ろす（「土着」する）ことに成功していたのかもしれない。

そもそも、陸奥国府の在庁官人として、経清が登場することになった理由はといえば、陸奥国府のトップたるべき陸奥守によって見出され、スカウトされて、その随員として赴任してきた、ということであったらしい。
そういえば、「伊具十郎《いぐじゅうろう》」と呼ばれて、亘理郡に隣接する伊具郡に根を下ろして、「私兵」を養っていた、そのうえに経清に同じく安倍氏の女婿に迎えられていた平永衡《たいらのながひら》についても、「前司登任朝臣《なりとうあそん》の郎従《ろうじゅう》として、当国に下向し、厚く養雇を被って、勢い一郡を領す」と、前九年合戦に関する根本史料たるべき『陸奥話記』には記されていた。すなわち、前任の国守の随員として赴任してきて、伊具郡の税収を給与され、国守遷任の後には、伊具郡に「土着」することになった履歴が記されていた。

経清のばあいに、瓜二つの履歴である。これまでにも、指摘されてきた通りである。違うのは、永衡には「権大夫」の肩書がない。すなわち、在庁官人といっても、経清ほどの高位にはなかった、ということだけであろうか。

経清の父親頼遠《よりとお》については、「下総国住人《しもうさのくにじゅうにん》」「五郡太大夫」と記されていた（『尊卑分脈《そんぴぶんみゃく》』）。「五郡太大夫」とは、聞きなれない呼び名だが、五郡にわたる税収を給与された在庁官人の幹部クラスということだったらしい。いまならば、千葉県庁の幹部職員といったところであろうか。

さらに先祖を尋ねれば、鎮守府将軍藤原秀郷《ちんじゅふしょうぐんふじわらのひでさと》、すなわち平将門のライバルとして知られる田原《たはら》（俵）藤太秀郷《とうたひでさと》にまで遡る。さらに、さらに尋ねれば、京都藤原氏北家の祖、参議房前《ふささき》にまで遡る。すなわち、経清・頼遠らの先祖は、れっきとした中央貴族だったのである。だが、秀郷が下野国《しもつけのくに》（いまは栃木県）に「土着」したあたりを境にして、数世代の間に、地方官僚としての色彩を濃厚にしてきた。頼遠のあたりには、族人の多くが近隣諸国の在庁官人の幹部クラスに在任する、というようなことになっていたらしい。

そのような人間的な環境のもと、おそらくは下総国で生まれた経清であった。かれが、新任の陸奥守によってスカウトされて、随員として陸奥国に赴任してくることになったとしても、不思議でも、なんでもない。自然の成り行きであった。いまならば、関東諸県の幹部職員を歴任した腕利きの官僚が、もとはといえば中央省庁からの天下りの官僚が、スカウトされて、宮城県庁の幹部職員として赴任してくることになった。そういったところであろうか。

安倍頼良の女子を母として

清衡の母親は、安倍頼良《あべのよりよし》の女子《むすめ》。すなわち陸奥国府の出先機関たるべき胆沢城鎮守府《いさわじょうちんじゅふ》に勤務する在庁官人のトップの女子であった。

北上川の上・中流域に横たわる胆沢《いさわ》・江刺《えさし》・和賀《わが》・稗貫《ひえぬき》・紫波《しわ》・岩手の諸郡は、いまならば岩手県奥州市から盛岡市までの一帯は、日本国北辺の守りを固める特別行政区として、

「奥六郡《おくろくぐん》」と呼ばれていた。その奥六郡の統治を任されていたのが、胆沢城鎮守府である。

そこには、国府に同じく、中国風建築の政庁が設営され、国府から交替で派遣された幹部クラスの在庁官人が政務を取りしきっていた。

だが、清衡が生まれるあたりには、その本来的なありかたが失われて、中国風建築の政庁は用いられることがなく、幹部クラスの官人が交替で派遣されてくることもなくなっていた。だからといって、特別行政区としての奥六郡のまとまりまでもが失われてしまったというわけではない。同じく、奥六郡を取りしきるべき官人集団が消えてなくなったわけでもない。

すなわち、幹部クラスの官人が交替で派遣されてくることはなくなったが、その代わりに、現地に根を下ろした官人集団のトップが恒常的な取りしきりを任されることになったのである。それによって、奥六郡の取りしきりには、国府の監督が及ぼされ難く、ますます自治的な色彩が付与されることになったのである。

その奥六郡の現地に根を下ろした官人集団のトップが、安倍氏だったというわけである。頼良は、「安大夫《あんだいふ》」の敬称で遇せられていた（『陸奥話記』『今昔物語』）。それだけでも、かれのステータスは明らかといわなければならない。

清衡の父親経清が県庁に天下りの幹部職員だったとするならば、安倍氏は県庁の出先機関を意のままに取りしきる現地採用組職員のトップだった、ということになるであろうか。

それならば、経清が安倍氏の女婿に迎えられて、やがては当国に根を下ろす（土着する）ということになったとしても、不思議でも、なんでもない。いまならば、県庁に天下りの幹部職員が、現地採用組のトップの求めに応じて、すなわち現地の有力者の求めに応じて、その女婿に迎えられる。やがては、現地の声望を担って、県知事の選挙に打って出る。さもなければ、国会議員のそれに打って出る、といったところであろうか。

安倍頼良は、奥六郡内外の有力者との縁組はもちろんだが、国府の幹部職員との縁組に、ことのほかに熱心だったらしい。経清のほかにも、伊具十郎こと、平永衡が頼良の女婿に迎えられていたことは、前にも記してある通りである。さらには、「権守藤原朝臣説貞《ごんのかみふじわらあそんときさだ》」の女子を、「長男貞任《さだとう》」の妻に迎えようとしている。結果的には、失敗に終わったのだが（『陸奥話記』）。

そのような頼良の勢力拡大を警戒する国府側との緊張度が高まって、やがては前九年合戦《ぜんくねんかっせん》（永承六年～康平五年、一〇五一～六二）の勃発に至る経過については、あらためて解説するまでもない。

同じく、経清や永衡のような存在が、国府側につくべきか。頼良側につくべきか。板挟みの状態に追い込まれたあげくに、永衡は殺害され、経清は頼良側に転ずる。ということになる経過についても、よく知られている通りである。

ただし、一言だけコメントするならば、かれらが国府官人の現役を退いた後にも、当国に根を下ろして「私兵」を養うなど、近隣に威風を及ぼすような存在になることができたのは、頼良の後ろ盾があったればこそ、といわなければならない。かれらが、頼良の女婿に迎えられていたのは、伊達《だて》ではない。したがって、経清が最終的に頼良の側に転ずることになったのは、不思議でも、なんでもない。頼良の側からすれば、当然の成り行きだったのである。

安倍頼良は、三人の女子に恵まれていた。それぞれ、有《あり》、中《なか》、一《いち》の文字に、「一乃末陪《いちのまえ》」（一の前）の敬称をプラスした呼び名をもって遇せられていたらしい（『吾妻鏡』文治五年九月廿七日条）。そういえば、京都方面でも、静御前《しずかごぜん》、巴御前《ともえごぜん》などの呼び名が用いられていたことが知られる。「一の前」の敬称は、「御前」のそれに先駆けるものだったのかもしれない。

ただし、経清の妻として清衡を生んだ女子が、有だったのか。中だったのか。一だったのか。いずれとも、決しがたい。永衡の妻となった女子にしても、また然り。NHK大河ドラマ『炎立《ほむらた》つ』では、長女の有を「結有《ゆう》」と改め、経清の妻だったとしているが、確たる根拠があってのことではない。同じく、大恋愛の末に二人が結ばれたとしているのも、ドラマならではのフィクションにすぎない。

中央・地方の人物往来の活性化のなかで

清衡の身中には、二種類の血液が流れていた。すなわち、父親から受け継いだ中央貴族の血液と、母親から受け継いだ地方豪族の血液の二種類である。

清衡が生まれた天喜四年（一〇五六）のあたりには、経清は頼良側に転じていた。したがって、清衡が育てられた場所は、頼良の家宅の近隣に設営された母親（頼良女子）の家宅の辺りだった。すなわち衣川北岸の家宅の辺りだった、ということになるであろうか。

幼い清衡の周囲には、諸国の官人として在勤の藤原氏の同族についての、さらには中央貴族の藤原氏についての噂話が飛び交っていたのに違いない。あわせて、頼良ほか、安倍氏の同族の動静がリアルタイムで伝わっていたのに違いない。

清衡の耳には、関東方面さらには京都方面の言葉づかいが入っていた。あわせて、胆沢城辺さらには奥六郡風の言葉づかいも入っていた。はたして、清衡は、どちら風の話しかたを身につけることになっていくのか。興味津々のところである。

清衡の乳母《めのと》として、人格形成に大きな影響を与えることになったのは、清衡の「親族」として知られる「重光《しげみつ》」の妻女だったらしい。重光は、経清の代から側近に仕える数少ない家来だったらしい。家族同然ないしは一心同体ともいうべき間柄であった。のちに、後三年合《ごさんねんかっ》戦《せん》（永保三年〜寛治元年、一〇八三〜八七）が勃発した折には、清衡の参謀役を担うことになった。さらには、その舎弟か息子かとみられる重宗《しげむね》も、重光の後を受けて、指揮・号令の役を分担していたことが知られる（『奥州後三年記』）。

けれども、清衡に対する影響ということで、総体的にみたばあいには、どちらかといえば、母親の実家の辺りに居住するという人間的な環境からしても、母親もふくめて、安倍氏側の人びとによる影響の方が、勝っていたのかもしれない。

いずれにしても、中央貴族と地方豪族、その二種類の血液を受け継いだハイブリッドな新人類として、清衡が生まれ育ったことには間違いがない。

それによって、清衡は、中央一辺倒ではない。さればといって、地方べったり、井《い》の中《なか》の蛙《かわず》でもない。自由闊達な広い視野で、世界を見すえることができる、人並みはずれたパワーに恵まれることになった。

そのような生来のパワーが具えられていなかったならば、後半生における仏教立国の大事業の推進は、京都側との卓越した外交交渉の展開は、さらには東アジアのグローバル・スタンダードの取り入れは、絶対に不可能だったのに違いない。

けれども、その当時、地方政界のリーダーとして台頭してきた人びとには、多かれ少なかれ、清衡に同じく、ハイブリッドな新人類としての性格が具えられていた。そのことを忘れてはいけない。

たとえば、あの平将門にしても、中央貴族が天下って、地方豪族の女婿として「土着」した家柄に属していた。藤原秀郷のばあいには、中央貴族が「土着」した本人にあたっているので、新人類とは言い難いとしても、かれの子孫らについては、地方豪族の女子から生まれた限りでは、新人類といっても差支えがない。それならば、経清や父親頼遠にしても、地方豪族の女子から生まれた限りでは、新人類の部類に入れても差支えがない。

ただし、「土着」という言葉には、気をつけなければならない。すなわち、天下った官人の側からすれば「土着」、すなわち根を下ろしたといっても差支えがないが、女婿としてかれを迎え入れた地方豪族の側からすれば、かれを迎え入れることによって中央とのコネを獲得して勢力の拡大を目指すチャンスが訪れた、ということにほかならない。男性の側からの見方だけでは分からない。かれを迎え入れた女性の側の事情についても、勘定に入れなければ、本当のところは分からない。

いまならば、地方の有力企業が、一層の事業拡大を目指して、東京の大手企業との提携に踏み切って、若手の社長候補を派遣してもらう。ばあいによっては、社長の女婿に迎え入れる。さらには看板を架け替えて、大手企業の支社を名乗ることも辞さない、ということになるであろうか。反対に、東京の大手企業の側からすれば、自社の影響力の地方への拡大と意識されるであろうことは、もちろんである。

ものごとには、両面がある。それなのに、これまでの歴史学は、地方側からする見方には無頓着すぎた。大いに、反省しなければいけない。

そのような中央と地方との交流の発展の、わけても人物往来の活性化の背景には、国内外にわたる民間交易網の拡大、すなわち古代から中世への転換があったのに違いない。

いずれにしても、中世武士団をかたちづくったのは、そのようなハイブリッドな新人類であった。かれらのリーダーシップが生み出されたのは、かれらならではの自由闊達かつ広やかな目配りがあったればこそのことであった。それには変わりがない。

だが、それにしても、清衡のばあいには、その性格がきわだっていた。なにしろ、京都から最僻遠の奥六郡のことである。その最僻遠の豪族の血液とのブレンドによって生み出された新人類なのである。そのうえに、清衡の時期には、中央・地方の人物往来の波が最高潮に達してもいた。したがって、清衡には、並みはずれて、新人類としての性格が濃厚に具えられることになった。将門や秀郷のあたりには、端緒的なレベルにとどまっていた。それに比べれば、大きな違いである。

俘囚・東夷・酋長ほかの蔑称について

これまでは、安倍氏について、俘囚・東夷・酋長ほか、さまざまな蔑称が投げかけられてきた。安倍氏の「追討」にあたった源頼義・義家の発言や、かれらの側に偏った『陸奥話記』の記述などに示されている通りである。

だが最近では、それらの蔑称を真《ま》に受けて、未開・野蛮の酋長として怪しむことのなかったこれまでの思考様式を打ち破って、真実の姿を解明しようとする論文が生み出されるようになっている。千年の長きにわたる洗脳から、いま、ようやくにして、覚醒しつつある感を禁じえない。

そもそも、俘囚・東夷ほかの言葉は、源氏もふくめて、中央国家側に属する人びとが、意のままにならない奥州人を呼ばわるさいに用いられた、憎しみにあふれた蔑称であった。端的にいえば、根っからの地方豪族であろうが、「土着」した天下り官人の子孫たるべき「新人類」の豪族であろうが、敵対勢力と見なされるならば、それらの蔑称をもって呼ばれることが避けられなかった。すなわち、安倍頼良はもちろん、経清だって、清衡だって、秀衡だって、それらの蔑称をもって呼ばれることが避けられなかったのである。さらには、鎌倉殿頼朝だって、挙兵後しばらくの間は、さまざまの蔑称を避けられなかったことが知られる。したがって、これからは、そのような欺瞞的・一方的・イデオロギー的な呼称を真に受けるようなことがあってはならない。眉に唾して、受けとめることが必要なのである。

そういえば、『今昔物語』には、安倍頼良が、将門や秀郷に同じく、「兵」（つわもの）であったことが、しっかりと書きとめられていた。さすがに、当代の知識人らによる自由なサロンの所産ならではの、冷静かつ客観的な評価であった。それなのに、こちら側の情報には重きを置かず、『陸奥話記』ほかの側の情報を偏重してきた歴史学の来《こ》しかたに関しては、根本的な反省をしないわけにはいかない。

そのような流れのなかで、にわかに、注目されることになったのが、「安大夫」の敬称である。その文字は、『今昔物語』にも、『陸奥話記』にも、しっかりと書きとめられていた。それによって、胆沢城の在庁官人としての安倍氏の姿が、くっきりと浮かびあがってきた。前記の通りである。

ただし、問題が残されていないわけではない。たとえば、安倍氏が在庁官人だったとするならば、いつのころから、そのような地位に就いていたのか。分からない。

『陸奥話記』には、頼良の父親は忠良《ただよし》、祖父は忠頼《ただより》。と記されていた。そのうえで、祖父忠頼のあたりから、奥六郡を横行し、村落を服従させてきたと記されていた。それによって、中央から天下ってきた忠頼が「土着」することによって、すなわち地方豪族の女婿に迎えられて、現地に根を下ろすことによって、安倍氏の取りしきりが開始されたとする解釈が採用されるようになっている。それに従いたい。

ただし、数世代を遡った比高《これたか》が鎮守府将軍として天下ったあたりに開始されたとする異論がないわけではない。これからの検討課題である。

いずれにしても、安倍氏もまた、根っからの地方豪族にはあらず。天下りの中央貴族が「土着」した新人類の系譜に属していた。そのことには間違いがない。

それならば、俘囚・酋長ほかの表現をもって、根っからの地方豪族、そのうえに古代蝦夷の直系のリーダーであったかのようなイメージをかたちづくることは、ますます、不適切ということにならざるをえない。

したがって、清衡の父方ばかりではない。母方の安倍氏の側にも、中央貴族の血液が流れていたのである。そのような意味では、頼良もまた、新人類の部類に属していたといっても差支えがない。

けれども、頼良のあたりには、世代を経て、地方豪族との縁戚関係を積み重ね、地方色を濃くするなかで、最初に天下った父祖の世代に比べれば、国府方面とのコネが劣化する傾向を避けることができなかった。京都方面とのコネにしても、また然り。

したがって、それらの人脈の再構築が喫緊の課題になった。その再構築なくして、さらなる勢力拡大は望むべくもない。そのためにこそ、経清や永衡が、女婿に迎え入れられることになったのであった。

天下りの貴公子の迎え入れは、一回限りでは済まない。それによって、新人類が生み出されたとしても、世代を経るなかで、神通力が劣化することは避けられない。その神通力を更新するためには、天下りの迎え入れに再チャレンジするほかにはない。そういうことだったのである。

それにつけても、安倍氏による奥六郡の取りしきりは、在庁官人のトップとしての行政的なそれには止まらず、中央国家による公的な地位ないしは権限を付与されていたという考えかたがあるが、それが問題である。

すなわち、安倍氏には、「奥六郡主」とでもいうべき、なにかしら特別の公的な地位を与えられていた。その公的な地位によって、並みはずれた特別の権力を行使することができたとするような考えかたが、それである。確かに、「奥六郡主」の表現が、みられないではない（『奥州後三年記』ほか）。だが、それは、安倍氏が滅亡し、清原氏が滅亡し、清衡の天下になってからのちに、清衡の取りしきりの正統性を言い立てるために編み出された造語なのであった。その言葉は、秀衡によって継承され、鎌倉殿頼朝によって継承されることにもなった。そもそも、その言葉には、行政的な取りしきりにはあらず、主従制的なそれによって、すなわち武威によって意のままに従わせる、という武家好みの感性が込められていた。あくまでも、武家側からする言説であった。それによって、振り回されてはいけない。

それなのに、京都の公家政権によって、そのような公的な地位が公認されていたとするようなことでは、なんのために、俘囚・酋長ほか、京都側からする蔑称による洗脳から脱却すべく苦心してきたのか、分からなくなってしまうのではないか。なぜに、それほどまでにして、中央国家による公的な地位ないしは権限の付与にこだわって考えるのか、理解することができない。

具体的にみても、安倍氏が奥六郡内の隅ずみまで、主従制支配の網の目を張りめぐらして、「奥六郡主」としての取りしきりにあたっていたような形跡は見あたらない。かつて想定されていたような、中央国家によって任命された「俘囚長」としての古代辺境豪族的な取りしきりの形跡に至っては、なおさらである。

どうやら、安倍氏による取りしきりは、在庁官人のトップとしての地位のうえに、奥六郡内外の豪族との婚姻関係を重ねあわせることによってかたちづくられていた、ということであったらしい。したがって、地域の全一的な支配とはいえない状態にあったらしい。安倍氏の取りしきりをよしとはしない抵抗勢力があったことを想定することさえもできるのである。

安倍・清原・藤原相関係図

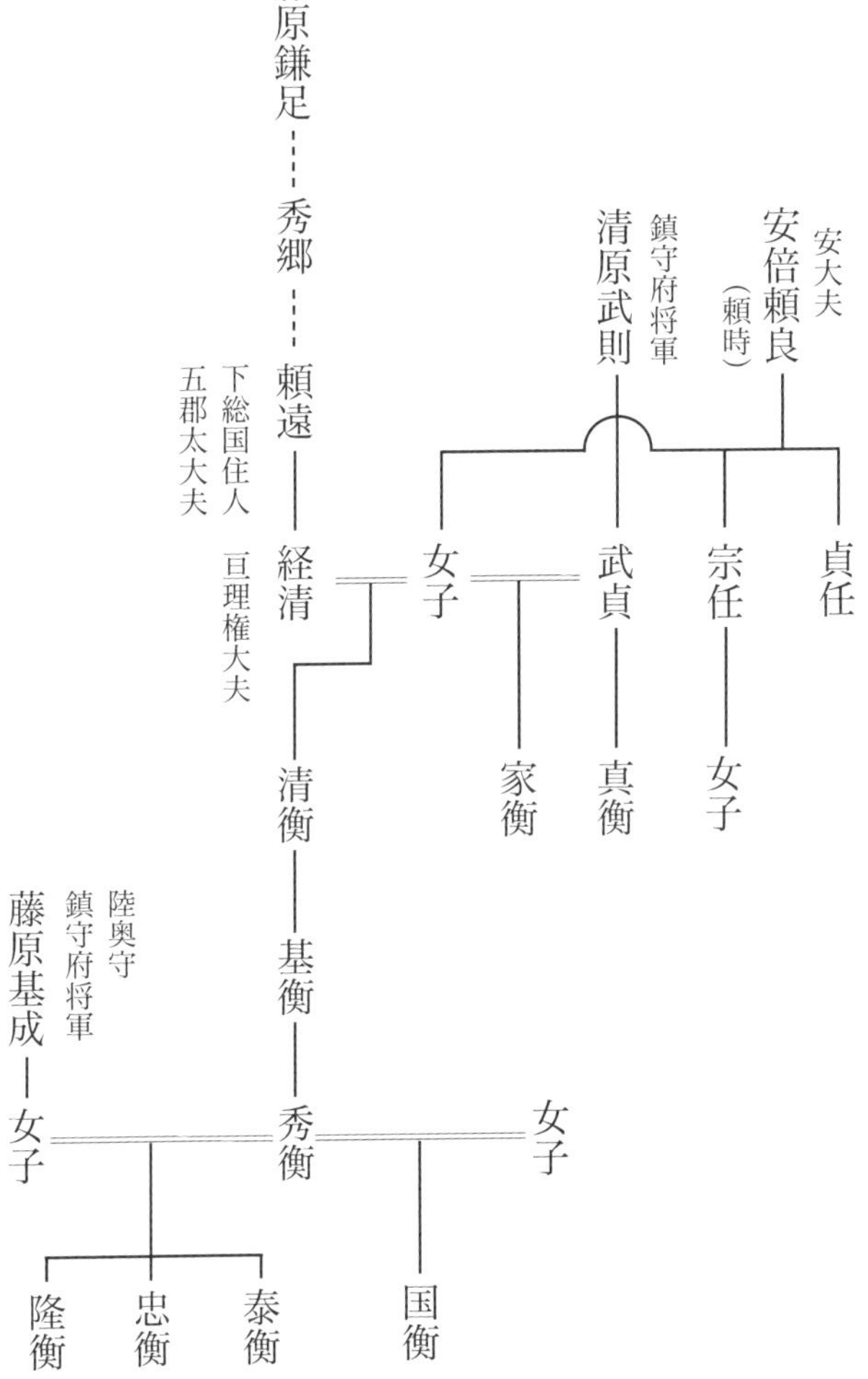
安大夫
安倍頼良（頼時）
鎮守府将軍
清原武則
貞任
宗任
女子
武貞
女子
真衡
家衡
藤原鎌足
秀郷
頼遠
下総国住人
五郡太大夫
経清
亘理権大夫
清衡
基衡
女子
秀衡
陸奥守
鎮守府将軍
藤原基成
女子
国衡
泰衡
忠衡
隆衡

第5章

修羅の前半生

「**後三年合戦絵詞**」（東京国立博物館蔵　Image : TNM Image Archives）
綾藺笠の清衡（右）が源義家（中央）に従う

父の斬首

前九年合戦の最中、清衡が生まれるあたりに、安倍氏の側に転じた父親の経清は、早速にリーダーシップを発揮することになった。たとえば、「数百甲士」を率いて、衣川関を出て、諸郡に使節を放って、「官物《かんもつ》」（税物）の徴納にあたらせている。そのさいに、国府側の発給になる「赤符《せきふ》」（国の朱印を押した納税催促書）には従うべからず。経清の発給になる「白符《はくふ》」（朱印がない安倍氏側の納税催促書）を用いるべしと命じたのだから、たまらない。本来的には国府側に納付されるべき「官物」が、安倍側にもっていかれるという前代未聞のできごとである。国府側にとっては、これほどに屈辱的なことはない。そのうえに、陸奥守兼鎮守府将軍源頼義に率いられる国府側の軍勢には、兵糧が不足していて、身動きが取れない状態にあった。見込んでいた「官物」が入ってこないということになれば、絶望的な事態に陥りかねない。

経清の発給になる「白符」が布達されたのは、衣川関より南方の諸郡。具体的には、磐井・栗原ほかの諸郡だったのに違いない。

大した行政手腕である。国府官人の幹部として、徴税事務のシステムを知り尽くした経清ならではの鮮やかな取りしきりである。さすがに、安倍頼良が見込んで、婿として迎え入れただけのことありと痛感せざるをえない。

それだけに、国府側にとっては、恨み骨髄のやりくちであった。裏切者としての憎しみに、さらなる憎しみが重ねあわせられることになった。

すなわち、安倍氏最後の拠点厨川柵《くりやがわのさく》の陥落によって合戦が終息した直後に、捕虜になった経清が、将軍頼義の前に引き立てられて、「白符」の一件を難詰されることになったのは、当然の成り行きであった。そのうえで、経清は、「鈍刀をもって、しだいに、その首を斬る」という処置を被ることになった。「経清の痛苦を久からんと欲す」と記されているように、残虐きわまりのない処置であった。康平五年（一〇六二）、秋九月十七日のことであった（『陸奥話記』）。この時清衡は、七歳であった。

母の再嫁

母親だけが頼りの清衡であった。だが、その母親も、清原武則《きよはらのたけのり》の息子、武貞《たけさだ》のもとに再嫁させられることになった（『奥州後三年記』）。

清原武貞は、敵将の息子である。すなわち、源頼義が率いる国府勢だけでは、安倍勢に対抗すべくもなく、出羽国は山北三郡《せんぼくさんぐん》（雄勝・平鹿・山本の三郡、いまは秋田県横手市・大仙市ほか）の清原氏の援軍を求めることになった。その援軍を率いて、奥羽山脈の峠越しに、大挙して乗り込んできたのが、清原武則なのであった。安倍氏を滅ぼした「主犯」は、武則だったといっても、差支えがない。武則が、地方豪族としては破格きわまりない鎮守府将軍の官職を授けられることになったあたりにも、それがあらわれていた。

その武則が、安倍氏に代わって、奥六郡を取りしきることになったのは、当然の成り行きであった。それにともなって、武則の本拠地も、山北三郡から奥六郡に、具体的には衣川北岸の辺りに移されることになったらしい。すなわち、安倍氏の本拠地があった近辺に移されることになったらしい。

その敵将の息子のもとに再嫁させられるというのだから尋常ではない。母親本人はもちろん、幼い清衡にとっても、過酷きわまりない処置として受けとめられることになったのに違いない。

これまでは、かの女の再嫁を、戦利品の分配になぞらえて解釈されることが多かった。すなわち、敵将側の性的な欲望の対象に供せられたというわけである。それによって、母子が追いやられた悲惨な境遇が、ことさらに強調されることになってもきた。

けれども、最近では、それほど単純には考えられない。すなわち、安倍一族の多くが殺されたり、捕えられたりしたなかで、ただ一人、生き残ったのが、清衡の母親であった。その安倍氏の遺産相続人ともいうべき姫君を虐待するならば、奥六郡の人心が一挙にアンチ清原に傾くのに違いない。もしかしたら、身の不安を予感した残党が決起するかもしれない。その反対に、姫君を大切にもてなすならば、人心が穏やかになって、抵抗勢力も安心して敵対心を和らげるかもしれない。なかには、清原の家来になりたいと申し出てくるものもあるかもしれない。というような政治的かつ高度な判断のもとに、かの女は清原側の一員として丁重に迎えられることになったのではあるまいか。そのように慎重かつ冷静に考えるべきだ、とする流れになってきている。

新たに獲得した占領地の取りしきりほどに、やっかいなものはない。そのさいに、滅ぼした敵将の姫君などを大切にもてなして、ばあいによっては妻として迎え入れるということは、もっとも効果的なパフォーマンスであった。人心収攬の切り札であった。占領地における平和回復の早道であった。したがって、古今東西の武将によって採用されてきた。その事例は、たとえば、武田信玄によって、諏訪の姫君が妻の列に迎え入れられたことなど、枚挙にいとまがない。

すなわち、美人だったので、敵将側の性的欲望の対象に……、などとするのは、その後における男性社会ならではの偏見にすぎないというわけである。

それにしても、敵将の息子への再嫁が、清衡の母側にとって、過酷きわまりない処置として受けとめられたことには変わりがない。だが、それによって、安倍側の関係者に対する追及が和らいで、人心が穏やかになることが可能ならば、いたしかたがない。すくなくとも、母親の方は、そのような心境にさせられていたのかもしれない。母親の側近にも、肯定的に受けとめる向きがあったかもしれない。

母子の居住地は、これまでの通り、衣川北岸の辺りにあったらしい。再嫁ということで、清衡を連れて清原の側に移った。さらには、その移住先で、慣れない環境のもとで、ことさらに苦難の幼少期を、清衡は過ごした、とするような現代的な解釈には、従う必要がないのかもしれない。

義理の兄に反旗を翻す

山北三郡から奥六郡に本拠地を移して、統治の実績を積み重ねた清原氏の権勢は、山北三郡・奥六郡はもちろん、みちのく世界の全域を覆うような勢いをあらわにしていた。武貞の息子にあたる真衡《さねひら》のあたりのことである。清衡にとっては、義理の兄にあたる人物のあたりのことである。

その真衡が勢いに乗じて、一族の縛りを嫌って、一族の外部から、後継者として、海道《かいどう》平氏《へいし》（福島県いわき市辺りの豪族）の若君、小太郎成衡《こたろうなりひら》を迎え入れ、さらには常陸国の「猛者《もさ》」（有力な豪族）、多気権守宗基《たけごんのかみむねもと》（致幹）の孫娘（実の父親は源頼義）を、その妻に迎え入れて、みずからは「黒幕」となって、専権を確立しようとする。永保三年（一〇八三）のことであった（『奥州後三年記』）。

多気宗基の孫娘にして、源頼義の女子でもある姫君を迎え入れることに関してコメントするならば、それによって、隣国の有力者との連携をかたちづくられる。あわせて、中央軍事貴族源氏との協調関係を深められる。それが、真衡の狙いだったのに違いない。

振り返ってみれば、前九年合戦の帰趨《きすう》が決せられたのは、源頼義の要請によって、清原の援軍が出向したことによるものであった。頼義・義家の父子には「貸し」がある。そのうえに、頼義が残した女子を、すなわち義家の義理の妹を迎え入れるとするならば、源氏との協調関係は、ますます深まって、当方の有利に作用することになるのに違いない。そのような抜け目のない計算が、はたらいていたのではあるまいか。

だが、寄りあいによる意思決定の伝統を宗《むね》とする清原一族の多くは、真衡の専横を許容するような気にはなれず、敵対的な関係がかたちづくられることになった。いいかえれば、一族のなかにも、後継者にふさわしい人物がおらないわけではない。それなのに、なんの相談もなく、勝手に選んだ、わけの分からない若輩者を外部から連れてくるとは、言語道断。一族のしきたりを踏みにじるものだとするような気持ちが、噴出することになった。これ、すなわち、後三年合戦の始まりである。

その時、清衡は二八歳になっていた。その下には、異父弟の家衡《いえひら》が、すなわち清原武貞のもとに再嫁させられた母親から生まれた家衡がいた。

真衡にとっては義理の弟たるべき清衡・家衡の兄弟が、吉彦秀武《きみこのひでたけ》ら清原一族の動きに呼応して反旗を翻すことになったことは、いうまでもない。もしかすると、かれら兄弟の心底にも、後継者にふさわしいのはこちらの方だ、とするような自意識のようなものが兆していたのかもしれない。

真衡は、秀武らの動きに対処すべく、山北三郡に向かった。清衡・家衡の軍勢は、その留守を狙って、真衡の衣川の本宅を囲んだ。だが、そこまで、であった。折しも、陸奥守となって駐在していた源義家の軍勢が駆けつけてきたからである。そのために、清衡・家衡らは敗走・没落することになった。

ところが、そこに、想いもかけない事態が発生する。すなわち、山北三郡に向かった真衡が、病によって突然死するという事態である。

その絶好の機会に乗じて、清衡・家衡は、義家に降参して、「免許」されることになった。

そのうえに、奥六郡を分割して、それぞれに、三郡ずつを賜ることになった。

義家の側には、真衡の後継者として海道小太郎成衡が、さらにはその妻として義家の妹が存在していたはずである。それなのに、二人の存在を無視するかのようにして、清衡・家衡の降参を許し、あまつさえ奥六郡を分与することになったのは、なぜか。義家には、どのような計算があったのか。まったく、分からない。成衡が病死したので、と考えられないこともない。だが、その確証がない。このあたりの経過については、『奥州後三年記』の本文が失われて、室町期の公家によって作成された簡略なメモ（『康富記《やすとみき》』）だけしか残されていない。そのためもあって、解明の手がかりがない。

いずれにしても、真衡の突然死によって、清衡・家衡が、想定外の果実を手にすることになった。そのことには間違いがない。

妻子を殺され、実弟を攻め滅ぼす

だが、よいことづくめにはいかない。今度は、清衡・家衡の兄弟争いが始まった。例のメモ（『康富記』）には、家衡が清衡を讒訴《ざんそ》したのに、義家が取りあわなかった。そのうえに、清衡ばかりに褒美がくだされた。と、簡単に記されているだけである。

これまでは、家衡が分与されたのが六郡の北半部で、税収が不足していたことが背景にありとされている。その通りかもしれない。さらにいえば、母親が再嫁させられた後に生まれ、真衡に同じく武貞を父親にしているので、家衡には自分の方が後継者としてふさわしいとするような自負心があり、周囲にも、それを肯《うべな》うような雰囲気があった、ということも考えられるかもしれない。

そのために、家衡は、清衡の家宅を焼き討ちにして、その妻子・眷属《けんぞく》を殺害することになった。清衡みずからは、直前に情報をキャッチし、「叢中に隠居」して、九死に一生をえることができたと、例のメモには記されていた。

その清衡の家宅の在所が、奥六郡の南半部にあったことは確かだが、具体的には特定し難い。のちに、清衡が平泉に宿館を移して本格的な国づくりを始めることになる直前には、「江刺郡豊田館《えさしぐんとよだのたち》」に居住していたと伝える。とするならば、焼き討ちされた家宅の在所も、その辺りに求めることができるかもしれない。

殺害された妻は、清原氏の女子だったのに違いない。母親とともに、清原の族人となった清衡のことである。清原の女子を妻とするほかに、選択の余地はなかったのに違いない。というよりも、そうすることによってしか、清原の族人としての人生をかたちづくることを許されなかったのに違いない。川島茂裕氏ほかによる指摘の通りである。

さらにいえば、「清衡」のネーミングにしても、「清」は父親の一字を継承したものの、「衡」は清原一族の通字だったのに違いない。清原の族人となって以降における元服だったであろうことからすれば、当然の成り行きであった。

家衡は、父親を異にするとはいえども、母親を同じくする弟である。そのうえに、義理の兄、真衡に対して、力をあわせて立ち向かってきた間柄である。さらには、源義家の軍勢に対して立ち向かって敗れたさいには、兄弟二人で「一馬に跨《また》がって」没落する、と記されたような間柄でもある。

その母親の血を同じくする、そして苦楽をともにしてきた弟の裏切りによって、自身の命を奪われそうなった。そのうえに、家宅を焼き討ちにされ、妻子・眷属までもが殺害されることになった。たとえ、義家による奥六郡の分与に不満をいだいていたとしても、まさか、家衡が、そこまでの挙に及ぶとは。なにを信じればよいのやら。清衡は、茫然自失の状態だったのに違いない。

清衡には、陸奥守義家に訴え出ることのほかに、道は残されていなかった。それによって家衡は、清原の同族が多く住まいする出羽側に逃れて、沼柵《ぬまのさく》（いまは秋田県横手市）に立て籠もることを余儀なくされる。その家衡の軍勢と、義家・清衡の連合軍との間に、合戦の火蓋が切られることになった。つぎには叔父の清原武衡が家衡に味方して、両人が立て籠もっ

「後三年合戦絵詞」（東京国立博物館蔵　Image : TNM Image Archives）
武衡（左）と家衡（右）が語らう

た金沢柵《かねざわのさく》（横手市）をめぐる熾烈な攻防戦がくり広げられることになった。すなわち、後三年合戦の後半部をかたちづくることになった。それらの経過については、おさらいするまでもない。

武衡・家衡の立て籠もる金沢柵が陥落して、合戦の終わりが告げられたのは、寛治元年（一〇八七）、冬十一月十四日夜のことであった。家衡・武衡の首が討ち取られたことはもちろん、宗徒《むねと》の兵、四八人の首が、義家の実検に供えられることになった。そのほか、大勢の非戦闘員が殺戮されたことが知られる。

けれども、合戦の正当性を中央国家の側から承認してもらえないままに、失意のうちに、義家は帰京することになった。その帰途には、褒美にあずかるべく持参するつもりであった数多くの首が討ち捨てられていたと記されていた（『奥州後三年記』）。なんとしても、奥州の支配者になりたいとする義家の野望は、空しく潰《つい》えることになった。その時、清衡は、三二歳であった。

ただし、清衡の修羅の前半生は、これでおわり、というわけにはいかなかった。義家が帰京したとはいうものの、すべてが清衡の意のままになるという状態が直ちに訪れる、というわけにはいかなかった。

たくさんの抵抗勢力が残されていた。清原の一族にしても、武衡・家衡に味方して没落した人びとばかりではない。清衡に味方して勝ち残った吉彦秀武ほか、多くの族人が健在であった。同じく、奥六郡内には、安倍氏の関係者が残っている。かれらに対する気づかいが必要である。さらに、広く見渡すならば、多くのライバルが蟠踞《ばんきょ》して、勢力拡大を目指して、虎視眈々《こしたんたん》の姿勢をあらわにしていた。そのうえに、多賀城の国府にも、有力な国守が着任して、睨みを利かせ、威信回復の道を模索しつつあった。

そのなかで、多くのライバルを一人ずつ倒してゆかなければならない。清衡に、合戦の連続から逃れるという選択肢は残されていなかった。

たとえば、「清平」が合戦を企てている。制止したにもかかわらず、すなわち国府の停戦命令に従わないとする訴えが、陸奥守藤原基家《ふじわらのもといえ》から中央政府に届けられたのは、寛治六年（一〇九二）のことであった（『中右記』）。後三年合戦の終息から数えて五年。それなのに、清衡の試練には、まだまだ、おわりが訪れていなかったことが明らかである。

それにしても、凄まじい前半生であった。幼少にして、父親が斬首される。母親が敵将の息子に再嫁させられる。そして、義理の兄に反旗を翻したと思えば、父親違いの弟によって、妻子・眷属を殺害される。みずからの命を狙われもする。さらには、その弟を攻め滅ぼして、その討ち取られた首と対面する。清衡の想いは、いかばかりであったのか。あわせて、母親の想いは、いかばかりであったのか。わけても、腹を痛めて生んだ兄弟が殺しあうという悲劇に遭遇した母親の想いは、いかばかりであったのか。想像も、及ばない。

後年に及んで、清衡の造営になる中尊寺鎮護国家大伽藍の落慶供養の願文には、過去・現在に失われた無量の霊魂にまで眼差しを振り向けて、「普く皆平等」に「苦を抜き、楽を与える」、すなわち敵味方の区別なく救済の手を差し伸べて、極楽往生を遂げさせたいとする趣旨が盛り込まれていた。これすなわち、清衡の想いのあらわれでなくして、なんであろうか。これまでにも指摘されてきたことながら、あらためて、痛感しないではいられない。

源義家とは一線を画す

この合戦において、清衡は、途中から、源義家の側に与《くみ》して、最後の勝利者となることができた。けれども、義家との間には、微妙な感情が介在していたらしい。

たとえば、義家による無慈悲な戦闘行為には諸手《もろて》を挙げて賛成というわけにはいかず、一線を画するところがあったらしい。その証拠に、『奥州後三年記』には、そのような戦闘行為に清衡が積極的に加担したとする場面は存在していなかった。そのうえに、義家側に同調して、清原側の人びとを俘囚呼ばわりする記載も存在していなかった。

野中哲照氏の教えによれば、『奥州後三年記』の本文は、合戦が終わってからほどなくして、清衡の周辺でかたちづくられたものであったらしい。それならば、清衡の側に親近の感情が流れていたとしても、不思議でも、なんでもない。

そのうえに、同じく、合戦が終わってからほどなくして、その原型が清衡の周辺でかたちづくられたと考えられる「後三年合戦絵詞《ごさんねんかっせんえことば》」（東京国立博物館本）には、黒駒に跨って龍頭の飾りのついた甲《かぶと》をかぶった義家と、その後方に控えて烏帽子《えぼし》のうえに綾藺笠《あやいがさ》をかぶった馬上の人物が描き出されていた（107ページ扉参照）。藤原良章氏の表現に従うならば、「極めて猛々しく、また挑戦的で睨め付けるような目つき」で描かれる義家とは対照的に、「綾藺笠の人物は、すましたような、そして気品のある顔立ち」に描かれていた。その人物像こそ、「源氏の介入による二度の戦乱を経てようやく訪れた〈平泉の平和〉を象徴し、その〈平和〉をことほぐものであったかもしれない」。すなわち、その人物は、清衡にほかならない。なにから、なにまで、藤原良章氏の教えの通りである。清衡その人も、極楽にて、よく分かったね、と頷いてくれているのに違いない。

そういえば、合戦の当初において、真衡の衣川館《ころもがわのたち》（本拠地）を囲んでいる最中に、真衡側に味方すべく義家の軍勢が駆けつけてきたさいに、「親族」の重光が、「一天の君といえども、恐るべからず。いわんや一国の刺史《しし》においてをや。すでに楯を対し刃を交うるの間、戦うべし」と、清衡に対して進言したことが例のメモに記されていた（『康富記』）。すなわち、天皇といえども、陸奥守の義家といえども、恐るるに足りない。すでに、戦端が開かれているのだから、断固として戦うほかにはないというわけである。その進言に従って、清衡らは撤退に傾く気持ちを断ち切って、義家との合戦に踏み切ることになった。

その重光の発言によっても、清衡の辺りに立ち込めていたアンチ義家の気分を察知することができるであろうか。このような、古代の天皇支配の原理に代わる、いわば「武者の論理」を、明快に言い切る部下をもつようになっている点で、清衡はすでに「奥の主」になりうる地位を固めつつあったといえよう。とする評価が下されたのは、高橋富雄氏によるものであった（『藤原清衡』）。そこまで、踏み込んだ評価にも、従うべき余地あり、ということができるかもしれない。

その重光は、清衡の「親族」とする表現はもちろん、清衡の側近にあって参謀格として進言する立場などから勘案するかぎり、清衡の乳母の夫などとして、経清の代からの「後見」として側近に侍ってきた人物だったのではあるまいか。前にも記している通りである。

重光その人は、義家との合戦にさいして、命を落としてしまった。残された清衡・家衡は、命からがら、「一馬に跨って」逃れることができたと記されてもいた。もしかすると、重光が犠牲になって、兄弟を逃したのかもしれない。絶体絶命のピンチにさいして、みずからを身代わりにして、主君の命を守ることは、「後見」すなわち乳母の夫ないしは息子の役割の最たるものであった。

その後、義家に降参するにさいしては、重光を「逆臣」に仕立てあげて、みずからには敵対心がなかった旨《むね》を、清衡は申し開きすることになった。それによって、義家の「免許」をえることができた。けれども、それが本心でなかったことは、重光の息子、ないしは弟とみられる重宗を、同じく側近に侍らせて、その後の合戦における参謀格として重用していることからしても、明白といわなければならない。すなわち、家衡・武衡らが立て籠もる金沢柵を取り囲む四方面の軍勢のうち、清衡・重宗のそれが一方を担っていたとする記載（『奥州後三年記』）からしても、清衡・重宗の一心同体ともいうべき間柄は明白といわなければならない。

それに対して、家衡の「乳母」（正しくは乳母夫か乳母子か）は、清原側から登用された「千任丸《せんとうまる》」であった。金沢柵において、矢倉の上から大音声《だいおんじょう》にて、義家側の「不忠不義の罪」を告発して、清原の恩義を忘れたのかと詰《なじ》った、あの千任丸のことである。そのために、ことさらに、憎しみを買って、捕虜となった直後に、義家の面前に引き立てられて、舌を引き抜かれることになった。さらには木に吊るされた後にも、足もとに置かれた武衡の首を踏むまいと、足をかがめ続けた。あの千任丸のことである。

千任丸にしても、アンチ義家の気分ということでは、重光に勝るとも劣らない。権威に屈

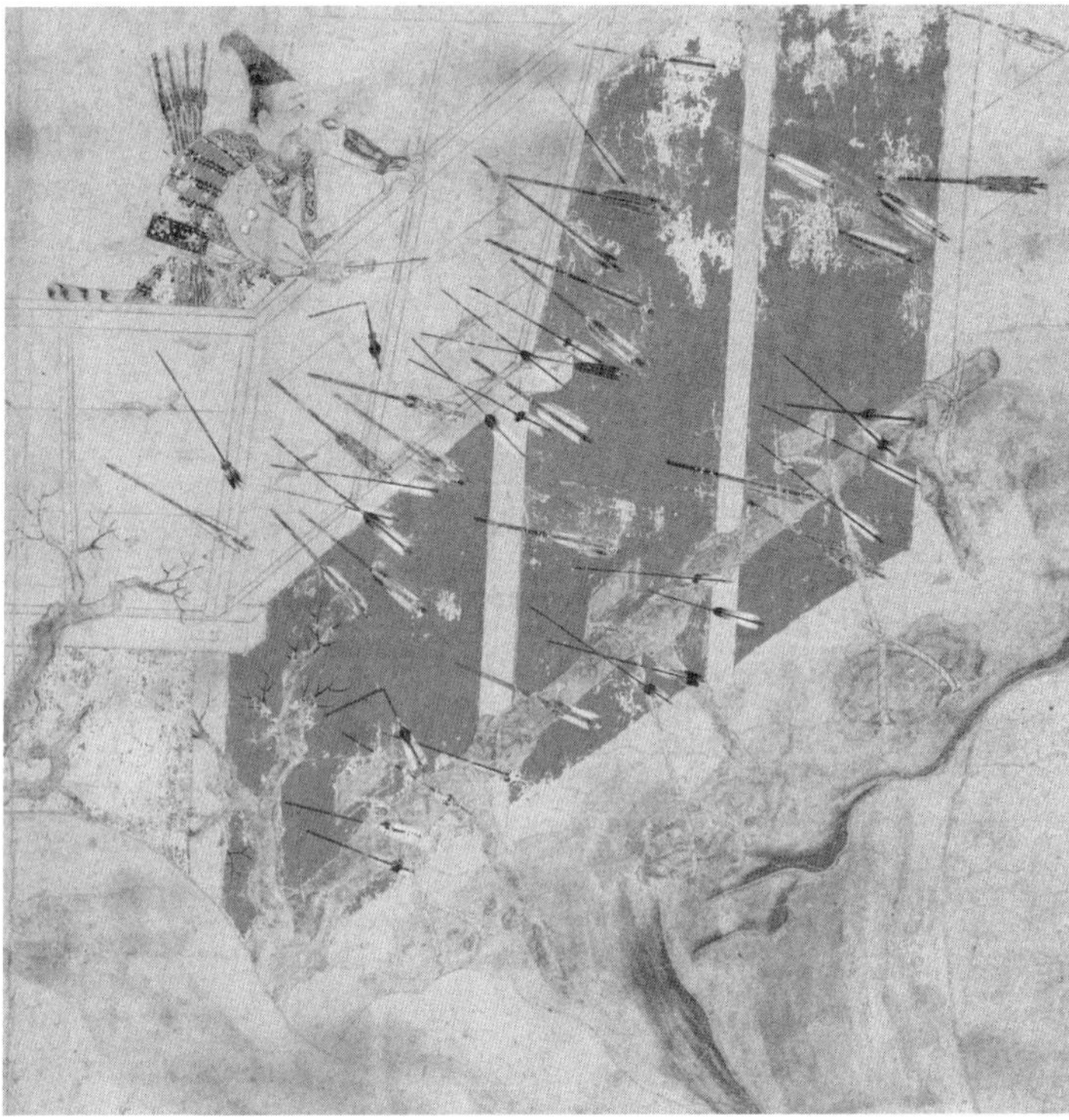

「後三年合戦絵詞」（東京国立博物館蔵　Image : TNM Image Archives）
金沢柵の矢倉上で、大音声を発する千任丸

しない独立不羈《どくりつふき》の人物だったことが明らかである。

ただし、家衡の千任丸は、清衡の重光とは違って、清原側から登用された「乳母」だった。そのあたりにも、家衡が清衡に離反することになった具体的な契機を求めることができるであろうか。

そういえば、沼柵の籠城戦によって義家を敗退させた家衡に向かって、武衡が発した言葉にも、万感胸に迫るものがあった。「きみ独身のひと（人）にて、かばかりのひとをかたき（敵）にえて、いちにち（一日）といふとも、追いかへしたりといふ名をあぐる事、君一人の高名にあらず、すでにこれ武衡が面目なり。このこくし（国司）世のおぼえ、むかしの源氏平氏にすぎたり、しかるを、かくを（追）ひ帰し給へる事、すべて申すかぎりにあらず。いまにおいては、われもともに同じ心にて屍《かばね》をさらすべし」と。一昔まえならば、「武士道の鑑」と賞揚されても差支えがない、威風堂々の発言である。その発言によって、「家衡これをよろこぶ事、かぎりなし」、「郎等ともにいさみよろこぶ」ということになった。金沢柵に籠城した将兵らのモラル（士気）が並み大抵ではなかったわけが、察知できるであろうか。

いずれにしても、清衡のばあいには、どちらかといえば、源氏に対する親近感というよりは、違和感の方が勝っていたのではあるまいか。父親が鈍刀をもって斬首された幼年期の記憶からすれば、当然といわなければならない。みちのくの住人を、東夷・俘囚呼ばわりして憚《はばか》らない源氏の上から目線の態度には、がまんがならない。源氏の野望に対する警戒を怠ってはならない、というようなこともあったのかもしれない。

安倍氏に対してばかりではない。清原氏に対しても、源氏側によるエミシ呼ばわりがくり返されていた。たとえば、義家の発言として、「武則えびすのいやしきをもちて」。その弟義光の発言として、「夷にせめられてあぶなく侍る」などのフレーズが記録されていた（『奥州後三年記』）。金沢柵陥落を京都側に報告した国解《こくげ》（公文書）にも、義家が「俘囚を追討」の表現が用いられていた（『中右記』）。それならば、清衡だって、いつ何時、エミシ呼ばわりされることになるのか。安心してはいられない。

これまでは、源氏の側に立って、義家の一挙一動を、「武士道の鑑」などとして、褒め称えるような傾向が強かった。それに対して、清衡の側からする、そして奥州人の側からする、義家のイメージについては、一顧だにされることがなかった。「八幡太郎は、恐ろしや」と、京童《きょうわらべ》に謡われてさえいた義家のことである。ないしは、殺生の人生を懺悔する気持ちがなく、「罪人」として「無間地獄《むげんじごく》」に墮されたと噂された義家のことである（『古事談』第四）。こいらあたりで、義家像の見直しが求められているのではあるまいか。

清衡の側にも、千任丸や武衡の側にも、義家なにするものぞ。という自信と誇りに満ちた正義のスピリットが漲《みなぎ》っていた。これまでのように、「武士道の鑑」は源氏の専売特許なりとする見立てに安住しているわけにはいかない。

さらにいえば、ここいらあたりで、義家五代の孫、頼朝が武家政権を樹立してからこのかた醸成されてきた源氏中心の歴史解釈を、さらには歌舞伎や教科書・読み物などによって流布・拡散・増幅させられてきた源氏贔屓《ひいき》の心情を、ひいては中央側からする上から目線の歴史解釈を、根本的に見直すことが求められているのではあるまいか。千年の悪夢から覚醒する機会は、いま、この時を措《お》いてはない。ということである。

第6章

大夫から御館へ

多賀城の「国館」の発掘風景と四面庇建物の復元図を重ねあわせる
（多賀城市教育委員会提供）

御館の始まりは清原真衡から

　後三年合戦が勃発する直前、清原真衡の権勢は未曽有のレベルにまで達していた。みちのくの住人では、肩をならべるものがない状態がかたちづくられていた。すなわち、多賀城の国府に駐在する公家の陸奥守にも匹敵するような勢徳者としての評価がかたちづくられていた。

『奥州後三年記』には、真衡の居所について、「たち」(館)とする文字が、しっかりと書き込まれていた。

「館」の本来は、京都から赴任してきた国守が滞在する宿所を指す言葉であった。その国守のプライベートな宿所が、政庁としての役割を果たすようになるにつれて、「御館《みたち》」の尊称が用いられ、やがては、国守その人を指す尊称としても用いられることになった。

　真衡のばあいにも、多賀城のそれにならって造営された四面庇《しめんびさし》の寝殿造風な大邸宅が「館」と呼ばれ、つぎには「御館」と呼ばれて、やがては真衡その人が「御館」と呼ばれることになったのに違いない。

　それによって、真衡は、国守に匹敵する第二の国守ともいうべきステータスに到達することができた。いまでいえば、第二の県知事のそれにたとえることができるであろうか。

清原氏の本来は、安倍氏に同じく、国府の出先機関の在庁官人のトップとしての立ち位置に根差していた。あちらは陸奥国府出先の胆沢城鎮守府の官人、こちらは出羽国府出先の秋田城ないしは城輪柵《きのわのさく》の官人。というような違いはあるが、天下ってきた幹部クラスの在庁官人の「土着」を出発点にして形成されてきたステータスということでは、異なるところがなかった。さらにいえば、安倍氏が「安大夫《あんだいふ》」と呼ばれたのに同じく、清原氏は「清大夫《せいだいふ》」と呼ばれていたことも知られている。

これまでは、安倍頼良が「安大夫」、清原氏が「清大夫」と呼ばれていたように、同じく清衡の父親経清が「亘理権大夫」と呼ばれていたように、大夫のステータスに昇るのが関の山であった。すなわち、在庁官人の幹部クラス、いまでいえば県庁の副知事・部長クラスの尊称をもって遇せられるのが、地方豪族が望みうるギリギリのところであった。

それらの地方豪族らにとって、国守としての「御館」の振る舞いは、そしてその宿舎としての「御館」のたたずまいは、憧れをもって仰ぎ見るべき、かつ見習うべきモデルとして受けとめられていたのに違いない。

そのために、かれらによっても、四面庇の大邸宅が造営されることになった。たとえば、胆沢城鎮守府にほど近い「鳥海柵《とのみのさく》」（いまは岩手県金ヶ崎町）は、安倍頼良の重要拠点として知られている。その遺跡の発掘・調査によって、威風堂々の四面庇の大邸宅が検出されて、話題になっている。それによって、「鳥海柵」のネーミングとは裏腹に、賓客をもてなす「迎賓館」ともいうべき寝殿造風の主屋《しゅおく》を具えた大邸宅のプランニングが浮き彫りにされることになった。すなわち、「鳥海柵」ということで、ことさらに軍事的かつ前時代的な色彩をアピールしようとする『陸奥話記』のたくらみが暴露されることになった。あわせて、そのたくらみによって洗脳されてきた歴史学のありかたが見直されることにもなった。

ただし、四面庇の大邸宅が検出されたことによって、その建物が、そして安倍氏が「御館」と呼ばれていたとするわけにはいかない。そこまで、先走ってはいけない。安倍氏は、あくまでも、「安大夫」だったのである。どうしても、そのステータスを超えることができなかったのである。地方豪族の大邸宅が、そして豪族その人が「御館」と呼ばれるためには、清原真衡の登場を待たなければならなかったのである。

同じく、清原氏のばあいにも、その族人たるべき大鳥山太郎頼遠《おおとりやまたろうよりとお》が住まいした大鳥井山遺跡（いまは秋田県横手市）の発掘・調査によって、これまた威風堂々の四面庇の大邸宅が検出されて、話題になっている。これまた、「家」「宅」と呼ばれることがあったとしても、「御館」と呼ばれることはなかったのに違いない。その大鳥井山遺跡が国史跡に指定されことになったのは、二〇一〇年（平成一二）。すなわち、安倍氏の鳥海柵遺跡が国史跡に指定されるのに先駆けること、一年のことであった。

そのように多くの「大夫」たちが、すなわち有力な地方豪族が、国守の「御館」に憧れて、四面庇の大邸宅の造営を競いあっているなかで、一頭地を抜いて、真衡だけが、なぜに、「御館」の尊称をもって呼ばれ、その四面庇の大邸宅が「御館」と呼ばれるようなレベルにまで到達することができたのであろうか。それが、問題である。

延久二年北奥合戦

その途轍もなく大きな問題に対処しようとするためには、すなわち真衡を御館のステータスにまで押しあげることになった根本の原因を解明しようとするためには、北辺における政治情勢の巨大な変革のありかたにまで迫って考えてみなければいけない。

たとえば、延久二年《えんきゅう》（一〇七〇）、北奥合戦《ほくおう》においては、真衡と陸奥国守源頼俊《みなもとのよりとし》の連合軍が、糠部《ぬかのぶ》・閉伊《へい》・鹿角《かづの》・比内《ひない》方面から津軽平野一帯に、さらには夷《えぞ》が島にまで至る広大な領域に進駐して、いまならば岩手県北・秋田県北東方面から青森県全域に、さらには北海道南西部に至る広大な領域に進駐して、日本国の境界を津軽海峡の辺りまで、一挙に押しあげることに成功した。

それまでの二世紀あまり、日本国の境界は、奥六郡・山北三郡の北側のラインをもってかたちづくられていた。しかも、奥六郡・山北三郡は、純然たる内地にはあらず。防衛上の観点から、外地に突き出すように設定された特別行政区としての取りあつかいを余儀なくされていた。それが、津軽海峡の辺りまで、一挙に内国の取りあつかいを受けるということになったのだから、大きな違いである。

合戦が勃発した契機は、夷が島（「衣曽別島《えぞがわけしま》」）の「荒夷《あらえみし》」が兵を起こして、騒動を巻き起こしたことにあった。それに対して、真衡と頼俊の連合軍が追討に乗り出して、海峡を渡り、かれらの本拠地（本所）にまで追い込めて、その首を斬り取る、ないしは生け捕りにする、ということになった。同じく、僻遠の地になる「閉伊七村」（いまは陸中海岸方面）の「山徒」もまた、追討の対象にされることになったとする文書・記録が残されてもいる。

ただし、日本国側による純然たる防衛戦争にはあらず。本当のところは、それらの北辺の広大な領域を占領して、日本国内に取り込もうとする侵略戦争だったらしい。

そのころ、それらの地域では、稲作・製鉄などの産業が興り、交易が盛んになるのにあわせて、内外から人びとが集まり、新しい村むらが簇出《ぞくしゅつ》するような勢いをあらわにしていた。すなわち、「俘囚」の地として、未開・野蛮の地として、本格的な統治の対象にされることがなかった北辺の広大な領域が、いまや、日本国側にとって、「おいしい」土地柄に変化しつつあった。それならば、なにがなんでも、国内に組み入れて、本格的な統治の対象とするほかにはない、というようなわけだったのである。

これまでにも、それらの地域からは、貢物が日本国側に差し出される。さらには、交易活動によって、商人が往来する。そのうえに、地域の有力者と日本国側の有力者との間に、個別的な人脈がかたちづくられる。などのことがなかったわけではない。だが、これからは、そのようなまどろっこしいことではなくて、直接的かつ本格的なコントロールを目指さなければいけない、というようなわけだったのである。

したがって、合戦の後、一〇年を経過するあたりには、それらの広大な領域に、閉伊・鹿角・比内の諸郡が、さらには津軽方面における平賀《ひらか》・鼻和《はなわ》・田舎《いなか》の諸郡ほかが、一斉に建置されることになった。そして、馬産地として特別に重視された糠部方面には、郡を介した通常一般の統治システムにはあらず、陸奥国府の直轄地としての取りしきりのもとに、一戸《いちのへ》〜九戸《くのへ》、東・西・南・北の門《かど》というユニークな行政区画が設定されることになった。

そのような一連の経過において、すなわち北奥合戦の勃発から北奥諸郡の建置までに至る一連の経過において、終始一貫して、主導的な役割を担ったのは、清原真衡であった。名目的には国守源頼俊の主導だが、実質的には真衡のそれであった。連合軍の建前はあれども、軍勢の大部分は、真衡のそれによって占められていた。頼俊の軍勢は、ほんのわずかだったらしい。

前九年合戦の後、安倍氏に代わって奥六郡の兵権を掌握することになった清原氏のことである。その清原氏による主導的なはたらきがなければ、北奥方面における軍事行動などは、だれ一人として、遂行することはできなかった。さらにいえば、思い立つことさえも、かなわなかった。それが、実態であった。

そのために、合戦の恩賞にも較差があって、真衡には鎮守府将軍の官職が授けられたのに対して、頼俊にはなんの褒美も与えられなかった。中央政府によっても、連合軍の実質が見透《みす》かされていたのである。

ただし、清原真衡にはあらず。「清原貞衡《きよはらのさだひら》」なる人物が将軍職を授けられたとする記録がないではない。そのために、さまざまな臆説がかたちづくられている。だが、これまでにも、指摘されてきたように、「貞衡」は「真衡」の誤記なりとすることが可能である。それならば、なんの問題もない。

真衡の政権構想

いずれにしても、真衡が、奥六郡・山北三郡の統治に加えて、北辺における広大な占領地の統治という未曽有の課題に直面させられることになった。そのことには変わりがない。たとえ、万が一にも、将軍に任じられたのが「貞衡」であったとしても、そのような未曽有の課題に直面するという立ち位置を継承して、その実質的な対処を余儀なくされることになったのが、真衡だった、ということには変わりがない。

これまでの日本国の統治システムにならって、郡を建置するという形式的な措置だけで済ませられるのならば、苦労はない。だが、それぞれの郡の取りしきりに関しては、だれに任せたらよいのか。かれらをコントロールするためには、どのようなかたちの命令・指示を出せばよいのか。などなど、考えはじめたならば、キリがない。これまでは、多賀城の国守のコントロールに従っていれば、なんとかなった。けれども、国守にはあらず、真衡みずからが命令・指示を出さなければいけないとなれば、別である。真衡には、だれの教えもなければ、頼るべきどのような先例もなかった。

そのうえに、くらしぶりも、言葉づかいも、信ずる神々も、それぞれに異なる地域の住人らが控えている。かれらに対して意志を通達して、統治の実質をかたちづくるためには、どのような言葉づかいが、どのような言いまわし（理屈）が求められることになるのか。これまた、考えはじめたら、キリがない。

これまでは、山北三郡の枠内ならば、同族のネットワーク、長老の寄りあいほか、伝統的な意志疎通のありかたによって、住人らを取りしきることができた。さらには、くらしぶりにおいても、信ずる神々においても共通する、という根底的な支持基盤によって支えられていた。

奥六郡に本拠地を移した後にも、旧来の安倍氏のネットワークを活用しながら、なんとか、住人らに対処することができた。そのためにこそ、安倍氏生き残りの姫君、すなわち経清の未亡人を大切にもてなすなどして人心収攬に努めてきたのであった。くらしぶりほかの支持基盤についても、山北三郡に準じて考えても差支えがない。

けれども、今回向きあうことになった占領地は、山北三郡や奥六郡の比ではない。はるかに広大かつ敵対的な土地柄であった。生き残りの姫君のような存在を盛り立てることが困難な「異風」の土地柄であった。それら諸郡の住人らに対処するためには、山北三郡や奥六郡における伝統的な意志疎通のありかたにこだわっているわけにはいかない。

同族の寄りあいを宗《むね》とする伝統的な意志決定のスタイルをかなぐり捨てて、すなわち同族のしがらみを断ち切って、広大かつ敵対的な占領地にも通用するユニバーサルな意思疎通のありかたを、真衡が模索することになったのは、まことに然るべき成り行きであった。

そのユニバーサルな意思疎通のありかたの模索にさいして、もっとも頼りにされたのは、仏教の広がりであった。在来の神々には、山の神、森の神、磐座《いわくら》の神、水の神ほか、それぞれに固有の信仰圏があって、地域の枠組みを越えることができない。すなわち、清原氏の信ずる神々を、広大かつ敵対的な占領地の人びとに押しつけることはできない。清原の神々を祭るイベントだからといって、敵対的な占領地の人びとを招き寄せることはできない。けれども、仏教のイベントだからということになれば、どんなに離れている地域からも、人びとを招き寄せることができる。そのうえに、招き寄せた人びとを座らせる席次をスムーズに決めることができる。清原の神々の祭りでは、同族の長老たちによって上座が占められていて、真衡といえども、勝手に動かすことはできない。それに比べれば、大きな違いである。

政治の根幹は、人寄せにあり。それらの人びとの席次の設定にあり。すなわち人びとの社会的ステータスの可視的な表現にあり。とするならば、三国伝来の仏教イベントほどに、好都合なものはなかったというわけである。それほどまでに、仏教が広まって、そのユニバーサルな性格がきわだっていたということである。

したがって、真衡の政権構想においては、同族の長老にはあらず、国府の官人にもあらず。普遍的かつ革新的な知識を具えた、そのうえに仏教にも通じた人物を、京都方面からスカウトしてくることから出発しなければならない、とする認識がかたちづくられることになった。そのような人物をブレーンとして迎え入れることができれば、未曾有の難題にも、なんとか対処できるかもしれないというわけである。

具体的に、そのためにスカウトされてきた人物の名前はといえば、「五そうのきみ」（五僧君）と呼ばれる奈良法師であった。その名は良算《りょうざん》。あの薬師寺を取りしきる幹部クラスの僧衆（「五師僧」）の一員だったらしい。

ただし、かの奈良法師は、ただのインテリではなかったらしい。伊賀国黒田荘《くろだのしょう》（いまは三重県名張市）の辺りで、大地主の未亡人に近づいて、莫大な遺産をせしめる。そのために訴えられて、奈良・京都方面には住んでいられなくなる、ということがあったらしい。

いずれにしても、かの僧を護持僧《ごじそう》・ブレーンとすることによって、真衡は思い切った改革に邁進することになった。その結果、真衡は同族の長老ほかの言葉には耳を貸さず、独断・専横の度合いを増進させることになった。

たとえば、前述したように、みずからの後継者を選ぶのに、これまでのように同族の子弟にはあらず。海道平氏の若君、小太郎成衡を遠方から迎え入れ、さらには常陸国の「猛者《もさ》」、多気権守宗基（致幹）の孫娘（実の父親は源頼義）を、その妻に迎え入れて、みずからは「黒幕」となって、専権を確立しようとする。など、真衡の思い切ったやりかたの裏にも、奈良法師のアドバイスがあったのに違いない。

そのうえに、多気権守宗基の孫娘を嫁に迎え入れる三日三晩の盛大なパーティーにさいして、同族の長老、吉彦秀武が庭先に膝をついて祝いの砂金を捧げもっているのに目もくれることなく、奈良法師との囲碁に興じていた、とされる真衡の振る舞いのこともあった。そのような同族の尊厳を無視してやまない振る舞いの裏にも、かの僧の存在があったのに違いない。

それにしても、不思議でならない。そこまで、短兵急に走るならば、必ずや、同族の猛反発を呼ぶことになるのに違いない。どうして、それを予想することができなかったのか。分からない。それほどまでに、大きなプレッシャーが、真衡にのしかかっていたということであったろうか。

いずれにしても、広大かつ敵対的な占領地の統治という、前人未到かつ意欲的な取り組みが、「大夫」のレベルを突き抜けて、「御館」のそれにまで、真衡をして到達せしめる原動力になった。そのことには疑いをいれない。

それにつけても、安倍氏のばあいには、広大かつ敵対的な占領地の統治という難題に直面させられるまでには至らなかった。すなわち、奥六郡という伝統的な枠組みのなかで培われてきた旧来の人脈に依拠した取りしきりを抜本的に変換させる必要に迫られるまでには至らなかった。そのために、「御館」と呼ばれるレベルにまでは到達することができなかったと、あらためて痛感しないわけにはいかない。

ただし、そのようなレベルにまで至る萌芽的な取り組みが見られなかったわけではない。

たとえば、前九年合戦の最中に、経清のリーダーシップによって、衣川より南方の諸郡における税収を確保すべく、「赤符」にはあらず「白符」を用いよと布達した一件が、それである。だが、それらの地域の占領は一時的なものに終わってしまった。恒常的な統治とは、言い難い。さらには、「白符」が用いられたとはいっても、国府による徴税文書たるべき「赤符」の焼き直しのレベルを超えるものではなかった。それなのに「白符」の発給をもってして、武家による統治の始まり、すなわち武家政権の始まりと過剰に評価する向きがないではない。けれども、それが当たらないことは、明白といわなければならない。

清衡の政権構想

江刺郡豊田から磐井郡平泉に「宿館」を移転させて、「平泉の御館」として、清衡が新たな国づくりに乗り出すことになったのは、康和二年（一一〇〇）のあたりだった。四五歳前後のことだった。

その前年には、小野宮右大臣実資《さねすけ》の曾孫にあたる藤原実宗《ふじわらのさねむね》が陸奥守に就任し、鎮守府将軍を兼ねることになった。それによって、源頼義・義家・義綱ほか、武家の棟梁（軍事貴族）を陸奥守や鎮守府将軍に任命して、緊張感にあふれる取りしきりにあたらせるという、中央国家によって採用されてきた一〇世紀以来の大方針の放棄という流れが決定的なものになった。斉藤利男氏・誉田慶信氏の指摘にある通りである。康和二年という年次に、ことさらに注目させられる所以《ゆえん》である。

そうなってしまえば、清衡にとっては、いつ何時、「征夷」の合戦を仕掛けられるか分からないという、直接的な脅威がなくなったのも、同然である。

そういえば、義家の息子、為義《ためよし》が「先祖の任国」だからということで、陸奥守に任じられたいと願い出たところ、「前九年の合戦」「後三年の兵乱」の再来を危惧した公家側の意向によって、許されなかったとするエピソードが伝えられていた。具体的には、「今、為義陸奥守になりたらましかば、定めて基衡を亡ぼさんという志あるべきか、かたがた不吉の例なり」とする公家側の発言が伝えられていた。それによって、源氏にとって陸奥国は「猶意趣残る《なおいしゅのこる》国」、公家側にとって源氏の陸奥守は「不吉の宰使」として認識されていた（『保元物語』古活字本ほか）。すなわち、平泉の側ばかりではなく、公家側にも、源氏の陸奥守を警戒する認識がかたちづくられていた。それが明らかである。

関白藤原忠通《ふじわらのただみち》によって、「をく（奥）のえびす（夷）のもとひら（基衡）」とする蔑称が投げかけられていたことも知られる（『今鏡』『古事談』）。それによって、基衡の代に及んでも、平泉を蔑視する公家側の気分には変わりがなかったことが知られる。だが、それにあわせて、源氏の陸奥守就任を警戒する気分もまた、確実にかたちづくられていた。そのことを見逃してはいけない。

修羅の前半生は終わった。これからは、平和な国づくり、すなわち仏国土の建設を目指すべき清衡後半生の始まりである。

奥六郡内の豊田から、衣川を越えて奥六郡外に出た平泉の地に本拠地を移転させたことによって、奥六郡・山北三郡ほか、北方世界に君臨する軍事首長にはとどまらず、奥州世界の全域に君臨する軍事首長としての清衡の立ち位置が鮮明にアピールされることになった。すなわち、真衡のそれよりも、はるかに安定的かつ本格的な政権の立ちあげが印象づけられることになった。

奥六郡内にとどまっていたのでは、いつまでも、安倍・清原の後継者としての立ち位置を抜け出すことができない。旧来のしがらみから脱することができない。思い切った施策を打ち出すことができない。大きな飛躍を果たすためには、なんとしても、衣川のバリアーを踏み越えてゆかなければならない。そのような気持ちだったのに違いない。

ついに、決定的な一歩が踏み出された。これまでにも、あのカエサルによるルビコン渡河にたとえられてきた通りである。

だが、清衡のばあいには、学ぶべき先例があった。すなわち、真衡によって模索されたさまざまな施策の積み重ねがあった。そのうえに、短兵急に過ぎて失敗した真衡を反面教師とすることもできた。まずは、奥六郡の外へ。という清衡の判断には、そのような背景もあったのかもしれない。

そのうえで、いよいよ、ブレーンの採用である。そのためには、真衡に同じく、ユニバーサルな知見を具えた人物を、京都方面からスカウトしてこなければならない。そのようにして、採用された具体的な人名はといえば、小槻良俊《おづきのよしとし》、ならびに蓮光《れんこう》のそれが知られる。

そのうち、良俊は、外記庁《げきのちょう》(局)の実務官僚であった。いまならば、内閣官房の腕利きの事務官といったところであろうか。その人物が清衡のもとに呼び寄せられていたというのだから、大変である。それが発覚して、「国家に背いて、清平(衡)に従うならば、もっとも、その咎《とが》めあるべきなり」とするような議論が、公卿によって交わされることになった。だが、外記の職員でも、「受領執鞭《ずりょうしつべん》」として、すなわち国守のスタッフとして遠国に赴くことは珍しくない。良俊のばあいにも、「即刻帰京するならば、咎めだてすることはない」とする声によって、ことなきをえた。

ほかにも、京都から招き寄せられて、「筆墨」の役をもって清衡に重用された「散位《さんい》道俊《みちとし》」のような人物も知られる(『三外往生記』)。かれもまた、中央省庁の実務官僚だったのに違いない。道俊は道心厚く、七九歳にして、念仏を唱えながら、みちのくの地にて、往生を遂げたとされている（同）。

そういえば、あの王審知のばあいにも、中原《ちゅうげん》の王朝における皇帝の諮問機関たるべき翰林院《かんりんいん》の「学士韓偓《がくしかんおく》」が招き寄せられていた（『十国春秋』）。

そして、蓮光である。かの僧は、中尊寺大伽藍造営事業のスーパーバイザーとして、具体的には中尊寺経蔵別当として、さらには仏教立国事業のあらゆる局面にわたって、清衡の相談にあずかるような存在であった。これまた、京都方面から、具体的には延暦寺方面から招き寄せられてきたものに違いない。

同じく、王審知によって、西天国から声明三蔵《しょうみょうさんぞう》が招き寄せられたことにたとえられるであろうか。

つぎには、縁戚ネットワークの構築である。清衡の最初の妻は、清原氏の女子だったらしい。清衡にとっては、選択の余地なしの縁組であった。だが、かの女は、弟家衡のために殺害されてしまった。そこで、二度目の妻として、常陸大掾平清幹《ひたちのだいじょうたいらのきよもと》の女子を迎え入れることになった。川島茂裕氏によって指摘されている通りである。

さらには、かの女との間に生まれた女子らを、常陸国の豪族、佐竹昌義《さたけまさよし》や、同じく、南奥の豪族、石河有光《いしかわありみつ》に嫁がせることにもなる。

もしかすると、一族の干渉を嫌って、海道・常陸の方面から後継の男女を迎えようとした、あの真衡の先例が、さらには越後城氏《じょうし》のもとに女子を嫁がせた清原武衡の先例などが、清衡の念頭にあって、それらの選択に導いたのかもしれない。

いずれにしても、それらの国内外にわたる広域的な縁戚ネットワークの構築が、すなわち同盟関係の構築が、清衡の立場を揺るぎないものにした。そのことには疑いをいれない。

そのうえに、清衡の側近にあって、苦楽をともにする親近の家来のことである。乳母・侍女として女子を差し出してくれる、危機に瀕しては主人の身代わりになって助けてくれる、かけがえのない家族同然、または一心同体ともいうべき家来、すなわち後見の家来のことである。

清衡には、重光・重宗という、おそらくは父親経清の代から付き従う後見の家来があった。だが、重光は義家との合戦に倒れてしまった。重宗も、金沢柵の攻防戦に倒れたものとみられる。そのために清衡は、信夫郡《しのぶぐん》（いまは福島県福島市）の豪族、佐藤氏を選んで、新たに後見としての役割を任せることになった。佐藤氏ならば、あの田原藤太秀郷の子孫ということで、清衡とは遠縁にあたっている。佐藤氏が信夫郡に「土着」するにさいして、清衡がめんどうをみるなどのこともあったらしい。

それによって、信夫佐藤氏は、清衡の側近に侍って、もろもろの相談にあずかることになった。その女子も、平泉館に出仕して、乳母・侍女の役割を担うことになった。たとえば、清衡の息子、基衡に授乳したのは、佐藤氏の女子であった。さらには、基衡が国守によって処罰されそうになったさいに、身代わりになって斬首されたのは、その佐藤氏の乳母の息子であった。そのように、しっかりした後見の家来がいなければ、国づくりも、なにも、あったものではない。

ただし、後見の家来が、親近かつ頼もしい存在だったからといって、縁戚関係にある諸豪族に匹敵するようなランクづけをしてしまうわけにはいかない。縁戚の豪族は清衡と同列だが、後見の家来はあくまでも家来にすぎなかった。さらにいえば、家来のなかでも上位のランクづけにはなじまない。けれども特別の存在であった。

清衡に対する影響力ともなれば、後見の方が上まわっていたことはいうまでもない。だが、武家社会における格式ということでは、縁戚豪族や上位の家来にはかなうべくもない。かれらの間には、大きな格差が横たわっていたのである。そこのところを、取り違えてはいけない。

平泉外交の根幹

そのようにして構築されたブレーンや後見役の集団、さらには縁戚ネットワークなどのほかに、譜代《ふだい》・外様《とざま》、大小さまざまな家来たちの集団によって、清衡の国づくりが支えられていた。そのことは、いうまでもない。

だが、それだけでは足りない。国づくりの円滑なる推進のためには、内外の政治的な環境を整えることが、なににもまして重要であった。

たとえば、清衡を「東夷」としたうえに「獄長《ごくちょう》」、すなわち流刑に処せられた犯罪人の監視役になぞらえるような記載がみられた（『三外往生記』）。

さらには、「清衡は王地を多く押領して、ただ今、謀叛を発すべきものなり」とする発言が記録されている（『十訓抄』第六、『古事談』第二）。その発言があったのは、大納言藤原俊明卿が丈六の仏像を造立しようとした折のことであった。すなわち、その知らせを聞きつけて、金箔の料として砂金を献上しようとした清衡に対して、拒絶の意向が表明された折のことであった。その拒絶の理由として、清衡による王地押領のことが取りあげられたのであった。そのような極悪人からのプレゼントを受け取るわけにはいかないというわけである。それにはとどまらない。いずれ、清衡を処罰するために「追討使」を派遣することもあろうかとする発言もあったことが記されていた。

それほどではないが、「陸奥男清衡」（『殿暦』長治元年七月十六日条）、「陸奥国清平」（『中右記』天永二年正月二十一日条）ほかの表現にしても、好ましいものではない。

いずれにしても、それらの記載が、京都発の上から目線からするマイナス評価のあらわれであったことには変わりがない。すなわち、「東夷の遠酋」「俘囚の上頭」などのレッテルを清衡に貼りつけることになったのに根を同じくする、偏った心情のあらわれであったことには変わりがない。

そのようなことでは、すなわち「東夷の遠酋」「俘囚の上頭」などのレッテルを貼りつけられて、京都発の上から目線からするマイナス評価に甘んじているようなことでは、いつまた、安倍氏や清原氏のばあいのように、京都側から追討使が差し向けられることになるのか。具体的には、失地回復を狙う源氏が鎮守府将軍などとして差し向けられることになるのか。不安このうえもない。

そのような悪のレッテルを返上し、マイナス評価を和らげて、安全保障上の不安を払拭するために、京都方面の権門に対する個別的なプレゼントという手段に、清衡は打って出ることになった。

たとえば、後三年合戦の余燼《よじん》いまだにさめやらない寛治五年（一〇九一）冬には、馬二疋（匹）を関白藤原師実《ふじわらのもろざね》のもとに献上して、京都側との外交の手はじめとしている。その記録によれば、馬に添えて差し出された「文筥《ふばこ》（箱）」には、二通の「解文《げぶみ》・申文《もうしぶみ》」が収められていた。それによって、京都政界の大ボスに対して、清衡がなにを申し出ようとしていたのか。興味深い。なお、清衡その人については、「陸奥住人」なりとする注記がみえていた（『後二条師通記』）。

その後、摂関家方面に対する馬の献上は、毎年のようにくり返されることになったらしく、たとえば、長治元年（一一〇四）には馬二疋、同じく天永三年（一一一二）には馬六疋などの記録が残されている。

あわせて、摂関家領の荘園に関しても、その設立・管理・年貢徴納ほか、諸事にわたる便宜提供をおこなっていたことが知られる。

たとえば、高鞍《たかくら》（いまは岩手県一関市東南部）、大曽根《おおそね》（山形県山形市西南部）、本良《もとよし》（宮城県気仙沼市・南三陸町）、屋代《やしろ》（山形県高畠町）、遊佐《ゆざ》（山形県遊佐町）の五荘については、金・布（麻）・馬・漆・鷲羽などの年貢を京進することになっていた。二代基衡の時期には、その年貢の増額をめぐって摂関家側との争いが惹起しているから、荘園が設立されて、本来の年貢額が定められたのは、清衡の時期にまで遡るのに違いない。

それらの荘園の設立にさいして清衡は、地元の豪族と京都摂関家とを結びつける仲介者としての役割を演じることになった。そして、荘園の設立後には、それらの年貢が滞ることなく京進されるべく、地元の豪族を監督する役割を請け負うことになった、ということであったのに違いない。

摂関家藤原氏との太いパイプの形成は、京都側との外交における強力な支えになった。だが、それだけで、安心しているわけにはいかない。

たとえば、神祇官《じんぎかん》の長官、「大夫伯殿《だいふのかみどの》」に対しても、大高山神社《おおたかやまじんじゃ》（宮城県大河原町）、苅田峯《かったみね》神社《じんじゃ》（同県蔵王町）に課せられた金の年貢を、清衡は京進していることが知られる。

そういえば、延暦・園城・東大・興福の諸大寺において、さらには中国浙江省の天台山国清寺において、千僧供養のイベントを開催して、砂金千両を布施するということもあった。前にも記している通りである。

それらのイベントによって、清衡の声望が列島の内外に及ぼされることになった。それによって、マイナス評価が大幅に改善されることになった。大変な宣伝効果であった。あわせて、京都政界に隠然たる影響力を保持する南都・北嶺の諸大寺との太いパイプを形成することができた。さらには、諸大寺のバックにいる最高権力者たるべき白河上皇との太いパイプも、確実なものにすることができた。

そのうえに、陸奥国内では、南都・北嶺の諸大寺における千僧供養開催費用を捻出するファンドという名目で、それらの寺領（保）を設立して、莫大な数量の田地を囲い込んで、清衡の管轄下に置くことができた。それらの諸大寺や白河上皇との太いパイプがあれば、寺領の設立に反対する陸奥守の動きを抑え込むことができるという算段であった。

けれども、そのような個別的な献金工作だけでは、ないしは個別的なパイプづくりだけでは、もしくは個別的なイベントのくり返しだけでは、十分ではない。京都発の悪のレッテルを返上し、マイナス評価を根本から変えるためには、清衡の拠って立つ陸奥国そのものが、未開・野蛮の地にはあらず。東アジアのグローバル・スタンダードたるべき仏教に立脚した本格的な文明の地なることを、声を大にしてアピールするほかにはない。

であればこそ、清衡は、「仏教立国」の路線を邁進することになったのではあるまいか。すなわち、それによって獲得されるであろうプラスの「国際」評価を武器にして、京都発のマイナス評価を克服しようとしたのではあるまいか。

そして、清衡による「仏教立国」のハイライトともいうべき場面が、中尊寺鎮護国家大伽藍の落慶供養のそれだったのではあるまいか。それによって、奥州は京都に勝るとも劣らない本格的な文明の地たるべきことを、列島の内外にアピールすることができたのではあるまいか。言いかえれば、京都側による認知を取りつけることによって、安全保障上の不安を払拭することができたのではあるまいか。

これまでは、供養願文における「東夷の遠酋」「俘囚の上頭」の文言に着目して、それらの蔑称を逆手にとって、「北方の王者」としての清衡の立ち位置をアピールする。それによって、安全保障上の不安を払拭することができたとするような解釈が及ぼされてきた。そのこと自体には異論がない。本書でも、それを踏襲している。けれども、それだけでは狭すぎる。もう少し広やかな文明論的なアプローチが求められているのではあるまいか。

さらにいうならば、清衡による国づくりを推進するうえで、陸奥守は目の上のたんこぶのような存在であった。通常一般の行政ルールならば、かなうべくもない存在であった。官位からしても、正六位上どまりの清衡が、従五位上クラスの陸奥守にかなうはずがない。けれども、中尊寺鎮護国家の大伽藍の造営によって、すなわち白河上皇の御願寺の造営によって、陸奥守のレベルをはるかに超えて、上皇の側近に侍る近臣のそれに匹敵するような実質的な地位に昇ることになった。それならば、陸奥守をむやみに恐れる必要はない。前にも触れている通りである。

振り返ってみれば、摂関家藤原氏の荘園設立を仲介するにしても、南都・北嶺の諸大寺における千僧供養のために寺領の田地を囲い込むにしても、陸奥守側との厳しい折衝を乗り超えることなくしては、達成することができなかった。通常一般の行政ルールに従っていたのでは、とうてい、実現不可能な課題であった。けれども、摂関家藤原氏や南都・北嶺の諸大寺、さらには白河上皇など、京都方面との太いパイプを生かすことによって、例外的かつ局地的な勝利を、清衡は獲得することができたのであった。けれども、今回の御願寺の造営によって、例外的かつ局地的な勝利にはあらず、陸奥守に対する恒常的かつ全局的な勝利を獲得することができたのではあるまいか。

あれや、これやで、中尊寺鎮護国家大伽藍造営の意義をあらためて痛感することにならざるをえない。

ここいらあたりで、時空の制約を乗り超えて伸びやかに見渡すならば、京都の中央国家そのものにおいても、世界帝国・唐の侵攻に対処すべく、律令・都城・国郡制ほかに関わる世界帝国の統治システムを導入することによって、本格的な文明国なり、とする必死のアピールに及ぶという、国づくりの歴史が存在していた。時代をくだれば、西欧列強の侵攻に対処すべく、文明開化の路線を邁進した明治新政府のような事例も存在している。列島の歴史において、清衡の国づくりだけが、特別で、例外的な存在だったというわけでは、決してない。

第7章

金色堂に死す

金色堂内陣（中尊寺蔵）

予告の通り、百日目に、一病もなく、眠るがごとくに

中尊寺鎮護国家大伽藍の造営にあわせて、清衡はみずからの極楽往生に資するために、金色に輝く阿弥陀堂の建立に取りかかった。そして、天治元年（一一二四）には、完成をみることができた。鎮護国家大伽藍の落慶供養に先立つこと、一年半あまりのことであった。その金色堂内にて、本尊阿弥陀仏の御前に坐して、合掌し念仏を唱えながら、清衡は百日後の入滅に備えることになった。

はたして、その予告の通り、百日目に、「一病もなく」、清衡は眠るがごとくに目を閉じることになった。清衡七三歳。大治三年（一一二八）は、秋七月十六日のことであった（「寺塔已下注文」）。

奇跡的な最期であった。予告の通り百日目に、しかも「一病もなく」というのだから、尋常ではない。清衡は願いの通り極楽往生を遂げることができたのかもしれない。

そういえば、最後の瞬間には、紫の雲に乗って、阿弥陀さまがお迎えにきてくださった。そして阿弥陀さまから発せられた一条の光が清衡のもとに届けられた。辺りには芳香が漂い、散華が降り注いだ。極楽往生が決定《けつじょう》した証《あかし》である。それならば、清衡の肉体は朽損《くそん》するはず

がない。などと、人びとは噂しあったのに違いない。

清衡の遺体は、金色に輝く木棺に納められて、本尊阿弥陀仏のおわす須弥壇《しゅみだん》の真下の空間に安置されることになった。

人びとの噂があたっていたのか、どうか。それについては、判断に苦しむところだが、清衡の肉体が朽損することなく、ミイラの状態で保存されることになった。そのことには間違いがない。

それによって、人びとは、ますます、清衡の往生を確信することになった。はじめは、噂を信じきれなかった人びとも、信じられるようになった。

偉大なご先祖さまにして、奇跡的な最期を遂げた往生人でもあるスーパースターとして、永遠の生命を、清衡は付与されることになった。在地に根差した先祖崇拝の古来の心情のうえに、極楽往生を理想とする篤き信仰を重ねあわせる。それによって生み出された奇跡的かつ絶妙な心意のはたらきを、ここにみることができるであろうか。

それによって、鎮護国家大伽藍の安寧ばかりではなく、清衡の子孫らの行く末を見守ってくれる、ひいては都市平泉の繁栄を見守ってくれる守護神としての役割を、清衡は期待されることになった。

その清衡の遺体そのものについては、一九五〇年、中尊寺学術調査団（朝日新聞文化事業団主催）によって本格的な学術調査が挙行されて、各分野にわたる詳細な報告が公表されている。そのうち、人類学者、鈴木尚氏による報告「藤原四代の遺体」が、石田茂作監修『中尊寺』（朝日新聞社編、一九五九年）に、のちに『中尊寺御遺体学術調査最終報告書』（中尊寺編、一九九四年）に収録されている。それによって、大事なポイントをおさらいしてみることにしたい。あわせて、同じく、人類学者、埴原和郎氏による報告「人類学からみた奥州藤原氏とエミシ」がおこなわれ、その後における独自の調査を踏まえて公表されている（同じく、『中尊寺御遺体学術調査最終報告書』に収録）。その成果についても、参照してみることにしたい。

それらの成果によれば、

「清衡の身長は、一六〇センチメートル。アイヌの平均よりも高い。血液型はＡＢであった。ひどく痩せていた。脳卒中で、長いこと半身不随で悩まされて、恐らく最後は、ひどく衰弱した状態で死亡したのであろう。その顔立ちは、頬骨の秀でた比較的に短い顔（短頭型またはこれに近い中頭型）であった。眉間の隆起はむしろ弱いくらいで、鼻根と鼻背の隆起は高く、鼻筋が通っている。しかも、眉間から鼻背への移行はなめらかで、アイヌに見られるこの部分の急激な陥凹はない」（鈴木）。

清衡をふくむ藤原三代の顔立ちの特徴は、「現代の京都人にもっとも近く、時代の近い鎌倉人や近世のアイヌとは遠く、さらに居住地を共有する東北人とも異なっていることである。この結果、藤原氏がアイヌであることはほぼ完全に否定される。また、藤原氏が中世の人でありながら、当時東日本に住んでいた人たちとも異なっていたことを示す。さらに現代の東北人とも違うことは、藤原氏が元来東北土着の家ではなかったことを暗示しているように思える」。「強いていえば、和人系と東北土着の「エミシ」系（安倍・清原）との混血家系だが、アイヌとは異なる」（埴原）などとされている。

これは、興味深い。清衡が、京都貴族と地方豪族の「混血」によって生み出されたハイブリッドな新人類であったことは、人類学の成果からしても明らかなり。「東夷の遠酋」「俘囚の上頭」のレッテルの偽りなることについても、また然りといわなければならない。さらにいえば、極度の衰弱状態とされるのは、百日間の行《ぎょう》（節食・穀断）によるものだったのかもしれない。

そして、清衡の遺体の上に懸けられた「曳覆曼荼羅《ひきおおいまんだら》」には、瞑目した穏やかな面相が描き出されていた。これ、すなわち、清衡最期の表情にほかならない。くわしくは、藤島亥治郎監修『中尊寺』を参照されたい。ただし、清衡生前の理想的な面相が加味されていた可能性もないではない。

金色堂に死す。そして、金色堂のご本尊さまの真下に遺体が安置される。そこまでは、清

「金色堂棟札」（天治元年銘）（中尊寺金色堂）
金色堂竣工のさいに奉納された棟札

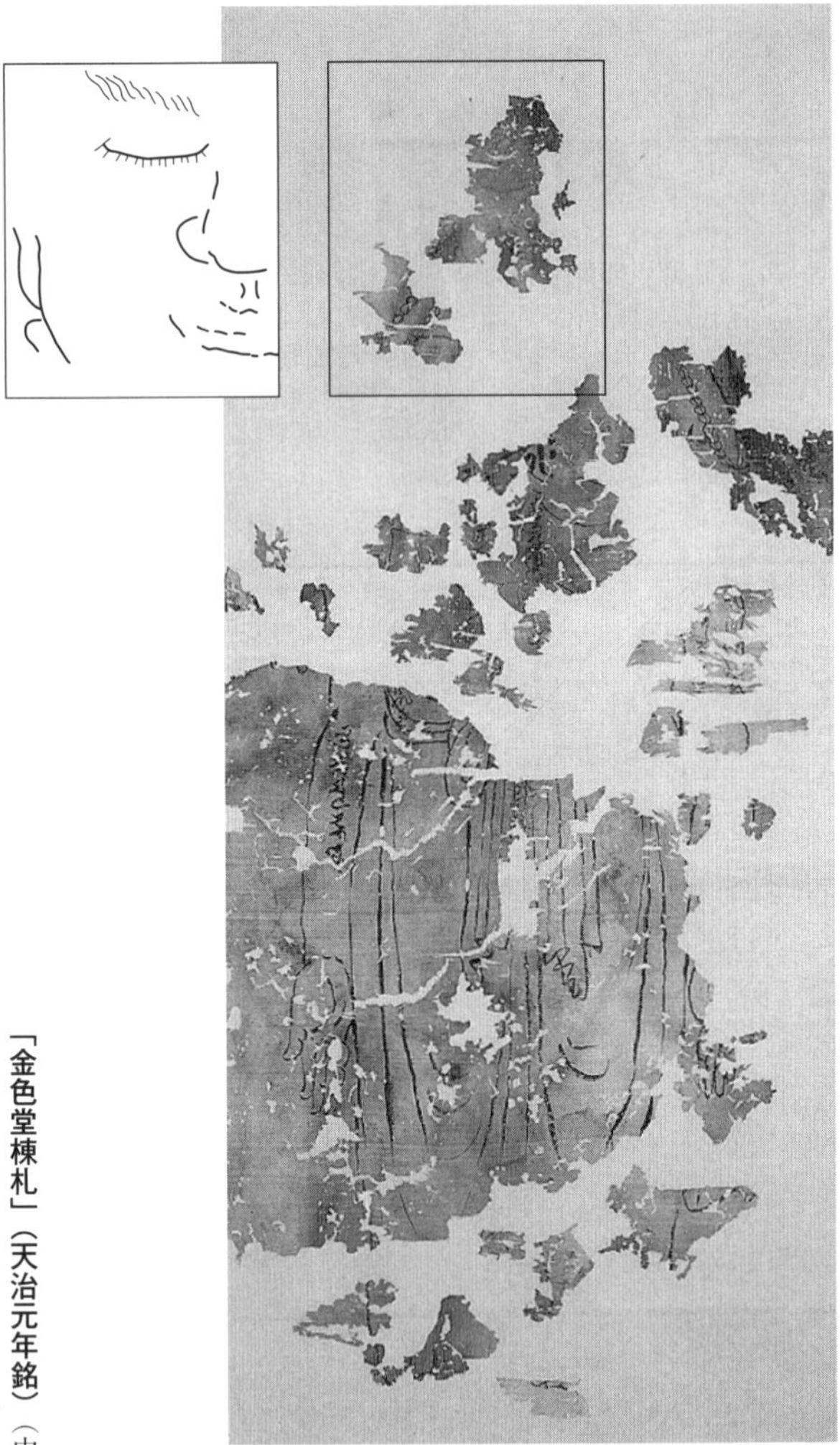

「曳覆曼荼羅」（中尊寺金色堂）
清衡の遺体を覆う布には、線描で清衡のすがたが描かれていた。残された面相の線描を復元すると、清衡の穏やかな表情がみえる

衡の想定内であったかもしれない。けれども、それにはとどまらない。清衡にとっては想定外の事態が生み出されることになった。

すなわち、二代基衡、三代秀衡らの遺体までもが、金色堂に安置されて、ミイラの状態で保存されることになる。そのために、堂内には、清衡の遺体を安置する須弥壇の左右に、基衡・秀衡のための須弥壇が増設されることにもなる。

さらには、金色堂から正面方向（東方）に視線を延長して、三キロメートルほどの先には、秀衡の政庁兼宿館（「平泉館」、いまは柳之御所遺跡の内）が設営されることにもなる。それによって、金色堂の清衡は、いつでも秀衡の政庁兼宿館を見守ってくれている。逆にいえば、秀衡は、いつでも金色堂の清衡を遥拝することができる。すなわち、清衡の金色堂と秀衡の政庁兼宿館を結びつける「視線」が、都市平泉の繁栄を支えてくれるメンタルな軸線とされることにもなる。

金色堂の本来的な性格は、鎮護国家大伽藍に付属するプライベートな小堂というものであった。大伽藍の後背の高みにあって、大伽藍の安寧を見守ってくれる「開基堂」といってもよい。あの供養願文に、金色堂の名前が記されていなかったのは、そのためだったのである。

そういえば、鎌倉の円覚寺・建長寺などには、主要な堂宇の後背に、北条時頼・時宗らを祀る「開基堂」（小堂）が鎮座していて、かれら建立の施主の遺志を体して、大伽藍の安寧を見守ってくれていた。

ところが、清衡にとって想定外の事態が積み重ねられるなかで、鎮護国家大伽藍を鎮護するばかりではなく、都市平泉を鎮護するという特別の役割が、金色堂に付与されることになった。

そうなれば、金色堂は、鎮護国家大伽藍に付属の小堂にはあらず。特別の堂宇としての取りあつかいを、すなわち中尊寺境内における主要な堂宇に比肩する、さらには境内における堂宇の随一としての取りあつかいを受けることにならざるをえない。

そして、多宝寺（塔）、二階大堂（大長寿院）、鎮護国家大伽藍など、主要な堂宇が、廃絶（焼失）してしまった室町期にくだれば、中尊寺といえば金色堂、金色堂といえば中尊寺、という認識が一般化することになった。それが、現在にまでもちこされている。

そのために、供養願文のなかに、金色堂の記載が見あたらないことをもって奇異とする。ひいては、金色堂の記載がない願文は、中尊寺のそれにはあらず。毛越寺境内《もうつうじけいだい》に建立された別の伽藍に関わるそれだった。さもなければ、願文そのものが偽作なり。とするような見解が表明されている。だが、そのような、金色堂の本来的な性格を、すなわち鎮護国家大伽藍という公的な存在に付属するプライベートな小堂としての本来的な性格を忘れた諸見解があたらないことは、明白といわなければならない。

その当時、京都方面においても、極楽往生に資するために、邸内に阿弥陀堂を構えて、本尊の御前に坐して、合掌し念仏を唱えることは貴族に共通の臨終の作法となっていた。

だが、清衡のような最期を迎えることができたケースは希であった。入滅の時期を予告した僧などがいなかったわけではない。だが、予告の通りに入滅することはできずに、人びとの笑いものになってしまったケースがほとんどだったらしい。

また、京都方面では、貴族の入滅後、遺体は邸内の阿弥陀堂内にはあらず、洛外かつ遠隔の墓所に葬られることが多かった。邸内の阿弥陀堂そのものは、取り壊されることになったらしい。清衡のように、最期を迎えた阿弥陀堂を離れることなく、その須弥壇内に遺体が安置されるというようなことは聞いたためしがない。すなわち、阿弥陀堂が、偉大なご先祖さまを祀る、しかも奇跡的な最期を遂げた往生人の遺体を祀る聖なる空間として、子孫によって盛り立てられたというようなことは聞いたためしがない。

さらにいえば、阿弥陀仏の別称たるべき無量光仏の名前にちなんで、その阿弥陀堂を「光堂《ひかりどう》」と呼ぶことは、京都方面でも見受けられたが、阿弥陀堂の全面に金箔を貼りつけるという清衡のようなケースは、皆無に等しい。お経には、極楽の建物は光り輝いているとあるのだから、清衡の方が、はるかに経典の教えに忠実である、ということができるであろうか。そういえば、中国は五台山の聖地には、金色に輝く堂宇（「金閣寺」）がみられた。京都にはあらず、そちらと比べた方がよいのかもしれない。いずれにしても、奥州には金が採れたのでとか、田舎大名の成金趣味でとか、というような俗っぽい理由づけで分かったような気持ちになったのでは、清衡に対して失礼このうえもない。そのことだけは間違いがない。

清衡の遺族

天治元年（一一二四）、金色堂の竣工にさいして奉安された棟札には、「大檀（旦）散位藤原清衡」にならんで、「女檀」として、「安部（倍）氏」「清原氏」「平氏」の名前が墨書されていた。

そのうち、「平氏」については、清衡の妻であったことが知られる。すなわち、中尊寺鎮護国家大伽藍に付属する経蔵に奉納すべく、書写させた金銀字経（「大品経第廿二巻」ほか）の奥書に、「大旦主藤原清衡　北方平氏」「大檀那散位　藤原清衡　女施主平氏」「大檀主藤原清衡　北方平氏　六男三女所生」ほかの文字がみえていた。

それらによって、清衡は、平姓《たいらせい》を名乗る北方《きたのかた》（正妻）との間に生まれた六男三女に恵まれていたことが知られる。

ただし、かの女は、二度目の妻であった。すなわち、清衡の弟、家衡によって、前妻が殺害されたのちに、後添えとして迎えられてきた常陸大掾平清幹の女子であった。前にも記してある通りである。

そのような立場で、しかも後三年合戦による人心の動揺がいまだに治まりきらない環境のなかで、他国から迎えられてきたのであった。夫の清衡はといえば、いよいよ、これから、本格的な国づくりに取りかかろうかという大事な局面に差しかかっていた。かの女もまた、前人未踏かつ試行錯誤の道をともにすることにならざるをえない。そのなかで、子育てをすることにならざるをえない。かの女の気持ちは、いかばかりであったろうか。大変な気苦労があったのに違いない。

つぎには、清衡の北方平氏にならんで墨書されていた「安部氏」である。かの女は、清衡の母親であった可能性が高い。安倍頼良の女子として生まれ、清衡の父親経清の妻となったものの、経清惨殺の後、清原武貞の妻として迎えられ、清衡・家衡の兄弟を育んできた。そのうえに、清衡・家衡の殺しあい、そして嫁や孫の殺害を目の当たりにする憂き目にも遭遇することになった。悲劇の女性である。けれども、過酷な人生に耐え抜いた強い女でもあった。

研究者によっては、清衡七一歳の母親だったとするならば、九〇歳を超えていたのに違いない。それでは、高齢にすぎるから、ありえない。安倍氏の生まれなれども、清衡の母親とは別人で、たとえば、息子基衡の妻とされる女性だったのではあるまいか。すなわち、清衡の妻の一人だったのではあるまいか。など、さまざまな憶測がなされているが、ここでは、清衡生母の長命を率直に信ずることにしたい。

たとえば、高橋富雄氏は、はじめは清衡の母親とする見立てだったが、のちには清衡の妻の一人だったとする見立てに転じている。すなわち、「寺塔已下注文」に、観自在王院を建立した「基衡妻」は「宗任女」、すなわち安倍宗任《あべのむねとう》の女子だったとされていたのは、「基衡母」の誤記なりとする独自の判断によって、その宗任の女子「安部氏」が清衡の妻の一人だったとする見立てに転じている。

だが、清衡が清原一族の縛りにつなぎとめられていた青年時代に、安倍氏の女子を娶ることなどは、許されることではなかった。前にも記している通りである。後三年合戦が終わって、清原一族の縛りから解き放たれたあたりに及んでも、安倍氏の女子を娶ることは、さまざまな憶測と警戒心を惹起することになって、得策とはいえないとする判断があったのに違いない。

そして、清衡が本格的な国づくりに着手するあたりに及んでは、正妻の平氏の圧倒的な存在感である。かの女は、「六男三女」の子宝に恵まれることになる。清衡の死後に、後継者争いを演じることになる小舘惟常《こだちこれつね》にしても、御曹司基衡《おんぞうしもとひら》にしても、それらの男女の一員だったのに違いない。それなのに、別妻として安倍氏の女子が迎え入れられていて、かの女が生んだ基衡が、御曹司として遇せられて、後継者争いに名乗りをあげるなどということがありえたであろうか。疑問である。

さらにいえば、「寺塔已下注文」の記載を、そのように勝手に誤記として片づけてしまうことが許されることなのか、どうか。そもそもの疑問である。

そして、「清原氏」である。かの女についても、「女檀」と記されていることから、ストレートに、「安部氏」に同じく、清衡の妻の一人だったとする大石直正氏の見立てに従うわけにはいかない。

かの女については、清衡の異父妹だったかもしれない。すなわち、清衡の母親が清原武貞に迎えられた後に、家衡に前後して生まされた女子だったかもしれない、とするような可能性が、川島茂裕氏によって指摘されている。確かに、その通りかもしれない。

その当時、「大旦那」たるべき当主にならんで、「女施主」「縁友」などとして名を連ねた女性には、妻ばかりには限らず、母・娘など、きわめて身近の肉親もふくまれていた。清衡の妹が、未婚のまま生家にとどまって、年老いた母親に寄り添っていたとするようなことがあったとするならば、きわめて身近な肉親の一人として、かの女の名が連ねられていたとしても、不思議でも、なんでもない。

ただし、かの女が清衡の異父妹だったとしても、清衡の宿館＝平泉館に同居していたとは考えにくい。かの女の本来的な居所、すなわち清原の昔に変わらない本来的な居所を離れることなく、清衡の母親に寄り添うようにして、住まいし続けていたのではあるまいか。

それにしても、かの女にとっても、清衡・家衡が争って、清衡の妻子が殺害され、さらには家衡が殺害されるという事態の進行は、想定外につぐ想定外の連続であったのに違いない。これまた、大変な気苦労があったのに違いない。

二子合戦

大治三年（一一二八）、清衡の死後、その三七日《さんしちにち》（二十一日）にあたる八月六日には、頓写一日経《とんしゃいちにちきょう》の供養企画の一環として、「平氏」によって書写された金字法華経の奥書が伝えられている。それによって、清衡正妻の平氏が、亡夫の供養に励んでいるありさまが明らかである。そこには、正妻のほかに、何人かの妻があったとするような気配は感じられない。

さらにいえば、清衡卒去の正確な日時が、京都方面に伝聞の七月十三日にはあらず、同月十六日であったことが、その奥書の記載によって明らかである。これまでにも、注意されている通りである。

だが、そのような落ちついたくらしが続くと見えたのは、束の間《つかのま》。時を経ずして、清衡の跡目をめぐる二人の息子の争いが発生することになった。

すなわち、大治四年八月には、「清平二子合戦《にしがっせん》」によって、「公事多闕怠《くじおおくけたい》」。すなわち京都方面に上納すべき貢納物が滞《とどこお》る、という事態が発生することになった（『長秋記』当月廿一日条）。

そして、翌五年六月には、清衡の長男が、弟のために「国館《くにのたち》」に責め籠められて、かろうじて脱出したものの、二十余人の一行にて、小舟に乗って越後国に逃れようとしたところで、西風に吹き戻されてしまい、連れていた息子ともども斬首の憂き目にあったとする情報が京都方面にもたらされることになった（同じく、『長秋記』当月八日条）。

その長男の名前は「惟常《これつね》」。「小館《こだち》」と称す。それに対して、弟の名前は「基平」。「御曹子《おんぞうし》（司）」と称すと記されていた。そのとき、「基平」、すなわち基衡の年齢は二四歳前後だったとされている。

大石直正氏によれば（「次子相続・母太郎」）、武家社会の当時にあっては、長男は早くに親元を離れて、家宅を構えるのが普通であった。そのような家宅は、父親の館《たち》に準じて、小館《こだち》と呼ばれることが多かった。さらには、長男その人も、小館の尊称をもって呼ばれることが多かった。それに対して、弟の方は、いまだに自立の域には至らず、父親の館の一郭にて、曹司《そうし》住まいのくらしのまま。すなわち御曹司と呼ばれるままというケースがみられた。

そのように兄弟異なる状態のさなかに、父親が死去。そして跡目争いが発生することになるならば、どちらが有利であったろうか。

大石氏によれば、弟の御曹司の方が、圧倒的に有利だったのである。なぜならば、父親の館にくらす人びとにとっては、御曹司の方が親しみやすく、そのために大勢の人びとが味方につくことになる。それに対して、親元を離れてしまっている長男の側には、兵力のうえでも、財力のうえでも、圧倒的に不利な条件しか付与されていなかった。それならば、弟の基平（衡）の方が勝つということは、はじめから約束されていたようなものだったのに違いない。

そのような跡目争いの発生を、清衡が予測していなかったとするだけの形跡は存在していない。だが、実際には、跡目争いが発生して、兄弟による殺しあいにまで発展することになってしまった。そこまでは、清衡をもってしても、想定不可能ということであったろうか。

これまでは、兄弟が争ったのは、母親が違っていたからとするような憶測が多数を占めてきた。長男よりも、次男の方が有利だった、とする構造的なありかたを指摘した大石氏にしても、かれらの母親が違っていたとする認識の大枠については、変わるところがない。だが、それは当たらない。たとえ母親が同じであったとしても、そのような種類の跡目争いの発生は、そして弟側の勝利は、避けることができない。そのような構造になっていたのである。

それは、長子相続の慣行が確立する以前における日本の武家社会に内在する共通の構造だったのではあるまいか。

したがって、兄の小館も、弟の御曹司も、正妻たるべき北方平氏が生んだ六男のうちに数えあげたとしても、なんの支障もない。いな、それであってこそ、跡目争いに参入する強い動機がかれらに付与されたのであったとさえ、いうことができるであろうか。

なお、兄の小館が責め籠められた「国館《くにのたち》」について、国司の館とする向きがないではない。だが、それでは、小館が国司によってかくまわれたのはなぜか。その多賀城の国司の館を御曹司が責め籠めるというようなことが可能であったのか。そのほか、分からないことが多すぎる。

それよりは、むしろ、自国の館（「小館」と呼ばれる本来的な居所）を責め籠められたので、他国（越後）に逃れるという文章の流れに即して、考えた方がよいのではあるまいか。そもそも、清衡の長男が、弟のために「国館」に責め籠められて…、とする情報の発信源は、上洛してきた「清衡妻」なのであった。そのことからしても、「国館」の在所は、かの女の国元、すなわち奥州における小館の本来的な居所に同じく、ということにならざるをえない。そのように考えた方が、分かりやすいのではあるまいか。ただし、その小館の具体的な在所については、特定しがたい。たとえば、毛越寺の近辺に、八花形《やつはながた》などの候補地が取り沙汰されてはいるのだが。

女人のはたらき

その二子合戦の結末を公家側に「上奏」すべく、莫大な「珍宝」（財物）をもって上洛を果たしたのは、「清衡妻」なのであった。それによって、御曹司基衡による跡目相続は、公家側によって、すんなりと、認証されることになった。北方平氏、すなわち清衡後家として、これ以上にない、威風堂々のはたらきであった。

だが、かの女のはたらきは、それにはとどまらなかった。すなわち、かの女自身が、検非違使《けびいし》のスタッフとして上京していた常陸国の豪族、佐竹義成《さたけよしなり》（業）に嫁すことになった。

意外な感がないでもない。だが、かの女が、同じく常陸国の豪族、大掾平清幹の女子だったとするならば、どうであろうか。佐竹・大掾、両家の間には、もともと、密接な人間関係がかたちづくられていたのではあるまいか。そのような関係のなかで、かの女の処遇が取り沙汰された。その結果が、義成（業）の後妻などとしての再嫁ということだったのではあるまいか。

当時にあっては、後家の再嫁が忌避されることはなく、堂々たるものであった。後世における道徳的な感情にとらわれてはならない。川島氏によって強調されている通りである。

この「清衡妻」については、別腹に生まれた御曹司基衡の跡目相続の不当を訴えるために上洛したのだとする伊藤一義氏の指摘があって、大石論文でも肯定的に紹介されていた。だが、二子合戦の結末を「上奏」したとする記事をもって、小館惟常の側に肩入れする母親が、御曹司基衡側の不当を訴えたと受けとめることができるのか、どうか。そもそも、兄弟の母親が違っていたとすることが本当にできるのか、どうか。分からない。

同じく、この「清衡妻」については、かの小館の母でも、御曹子（司）の母でもない人であろうとする高橋富雄氏の指摘があった（『平泉』）。その理由としては、もしかれらの母であれば、そのどちらかに味方して、他方を非難するということになるはずなのに、そういうふうではない。そのうえに、かの女が検非違使に再嫁しているところを見れば、平泉にとどまってその将来に望みをかける人でなしに、「清衡妻」の権利を都で主張するたくましい女性であろう。これは、金色堂棟札に見えた女檀としての「清衡妻」のどれにも該当しない女性であろう。一〇年前、すでに六男三女の母になっている平氏女や、それと同世代の安倍・清原氏女らが、都に上って今を時めく検非違使とのはなやかなロマンスの花をさかせうる女のよわいを保っていたとは、とうてい考えられない。清衡の晩年ごろ、都下りの公家くずれにともなわれた女性が、その「妻」のうちに迎え入れられ、母を異にする子供たちの間に相続争いが進行するのに乗じて、獅子の分け前にあずからんものと、恐れながら清衡の妻として申し上げます、となったのであろうと記されている。

だが、この指摘についても、分からないことが多すぎる。かの女が主張したとされる権利とは、なにか。また、その主張と検非違使スタッフへの再嫁との間には、どのような関連があったのか。さらには、検非違使の別当（長官）ならばともかく、そのスタッフの一員にすぎない人物が、具体的には常陸国の豪族、佐竹義成が、都で「今を時めく」ような存在だったとすることができるのか、どうか。そのうえに、はなやかなロマンスの花をさかせての結婚だったと決めつけることができるのか、どうか。などである。

そのような不確定なことがらを論ずるよりは、「清衡妻」とする記載を、率直に受けとめたほうがよいのではあるまいか。すなわち、六男三女の母が再嫁できるはずがないとするような現代的な思い込みを捨て、その記載に率直に従った方がよいのではあるまいか。

女人のはたらきといえば、後年に及んで、信夫郡《しのぶぐん》（いまは福島県福島市）の検注《けんちゅう》（検地）をめぐる、陸奥守との紛争によって、基衡が「違勅《いちょく》」（天皇の命にそむくこと）の罪に処せられそうになって、身代わりを買って出た信夫庄司佐藤季春《しのぶのしょうじさとうすえはる》の首が刎ねられようとしたさいにも、その恰好の事例が存在していたことが知られる。すなわち、季春の首の差し出しを要求する陸奥守のもとに、砂金一万両・鷲羽・絹・布ほか、莫大な礼物を持参し、再三にわたって助命の陳情をくり広げたのは、なんと、基衡の「妻女」であった。『古事談』第四巻、『十訓抄』下第十によって、それが知られる。

そのような「女人《にょにん》の沙汰《さた》」に莫大な礼物をからませたアプローチが、問題解決の奥の手として、ないしは切り札として、重用された時代の雰囲気が察知できるであろうか。ただし、基衡の妻女によるアプローチは、無類の堅物《かたぶつ》として聞こえた陸奥守によって拒絶されて、失敗に終わることになったのだが。

基衡の千部一日頓写経

大治三年(一一二八)八月六日、清衡の死後、三七日(二十一日)の忌日《いみび》に、清衡の北方「平氏」によって、法華経全八巻(六万八千余字)を一日のうちに金字をもって書写する追善供養の事業が企画されていたことについては、前にも記している通りである。

そのような紺紙に金字をもって法華経全八巻を一日のうちに頓写《とんしゃ》する追善供養の企画は、基衡によって継承され、より一層に熱心の度合いを加えて、具体的には法華経一部全八巻の頓写を積み重ねて千部八千巻に到達する目標を掲げて、大々的に推進されることになった。

たとえば、保延四年(一一三八)五月十六日には、「先考《せんこう》藤原清衡の成仏得道《じょうぶつとくどう》」のおんために「千部一日経」の写経が、「弟子 藤原基衡」によって企画されたことが知られる。当年は、清衡が死して一一年目。その企画は、六二部目のそれにあたっていた（静岡妙立寺本）。誉田慶信氏の推計によれば、前年七月十六日、清衡の十回忌に一部目の写経が始められてから、ほぼ四日から五日の間をおいて写経がくり返されてきた結果であった。

同じく、保延六年（一一四〇）五月四日にも、その写経があり、二二四部目にあたっていたことが知られる（田中槐堂『日本写経綜鑑』）。

そして、久安四年（一一四八）閏六月十七日にも、その写経があり、五七二部目にあたっていたことが知られる（大阪金剛寺本）。

山本信吉「中尊寺経」によれば、法華経（全八巻、開・結あわせて十巻）を一日のうちに金字をもって頓写して、供養のかたちとすることは、当時の流行であった。たとえば、摂政藤原忠実《ふじわらのただざね》は、祖父師実《もろざね》の周忌ごとに金泥法華経の一日頓写に励んだことが知られている（『殿暦』康和五年二月十三日条ほか）。上皇の側近に仕える貴族（院近臣）らが、とりわけ熱心に励んだことも知られている。

だが、基衡のばあいには、周忌にとどまらず、忌日・盆供ほかの節目にも、施主として、そしておそらくは執筆者の一人としても、力を尽くして、千部頓写の目標を目指している。

そして、清衡が死して、二一年目にあたる久安四年（一一四八）に及んで、ようやく、五七二部に到達することができたというのだから、尋常ではない。京都発の流行を受けとめるのに、絶大な積極性をもってする姿勢が明らかである。貴族一般のレベルどころか、院近臣のそれをも、はるかに凌駕するような熱心さだったことが明らかである。

そればかりではない。同じく、誉田氏によれば、千回にも及ぶ写経の、それぞれの機会ごとに、京都方面の高僧を招請して、導師・講師・問者《もんじゃ》などの役割を分担させての法要を営んでいたというのだから、これまた尋常ではない。

名だたる武将による写経事業ということでは、あの平清盛をはじめとする平家一門によって挙行されたそれに比べることができるであろうか。だが、安芸国厳島神社に対する「平家納経」の内実は、法華経一部（八巻、二八品）に、観無量寿経ほか四巻を加えたものにすぎなかった。数量的には、基衡の法華経千部八千巻にはるかに及ばない。それをもってしても、基衡の取り組みの尋常ならざるレベルを察知することができるであろうか。

ただし、千部一日頓写経ばかりではない。あわせて、金光明最勝王経金字宝塔曼荼羅図《こんこうみょうさいしょうおうきょうきんじほうとうまんだらず》十幅の製作も企画されていた。山本論文によって、それが明らかである。とするならば、その豪華絢爛の図像群を前にして開催される「最勝十講」の年中行事（正月・五月・九月）は、基衡の代に始められたといっても、差支えがないのかもしれない。それが、秀衡・泰衡らによっても、継承されたということであろうか（「寺塔已下注文」）。

小館との合戦に勝利して、清衡の後継者としての地位を獲得することになった基衡ではあったが、武断一辺倒の人にはあらず、絶大な積極性をもって仏事に励んだのであった。基衡が名実ともに、清衡の後継者としての揺るぎない自覚に到達するためには、あわせて周囲の人びとによる揺るぎない支持を勝ちえるためには、軍事的かつ暴力的に勝利するだけにはとどまらず、そのような仏事に邁進することがなければならなかった、ということであったろうか。そのうえに、攻め滅ぼした小館を供養するという意味あいもあったのかもしれない。

清衡の後継者になるということは、それくらい大変なことだったのだ。二子合戦の勝利などは、ほんの一歩にすぎなかったのだ。

基衡は毛越寺の造営をもって知られる。「国王の氏寺《うじでら》」と讃えられた京都白河法勝寺《ほっしょうじ》の壮麗な大伽藍を模した毛越寺のことである。基衡といえば、毛越寺。毛越寺といえば、基衡。というのが通り相場になっている。だが、そのようなハード面における取り組みばかりではない。同時に、千部一日頓写経のようなソフト面における取り組みがあったことにも、注意しなければならない。

それらの取り組みばかりではない。釋迦入滅後、五十六億七千万年の未来における弥勒菩薩の降臨に備えて、法華経ほかの経巻を書写して、タイム・カプセルに納め、最寄りの山頂に埋納するという経塚《きょうづか》造営の流れが、基衡のあたりから一気に加速させられることになった。中尊・毛越寺の中間に聳える金鶏山《きんけいさん》上には、数多くの経塚が造営されて、都市平泉の住人の精神的な支柱となる。あわせて、奥大道を見おろす要所要所の山頂にも、ないしは中尊寺領骨寺村《ほねでらむら》の入り口などにも、経塚が造営されて旅人・里人の支えとなる。さらには、津軽海峡を越えて、夷《えぞ》が島は噴火湾を経て日高山地《ひだかさんち》に差しかかる辺り（いまは北海道厚真町）にも、経塚が造営されることになる。その経塚からは、常滑焼のタイム・カプセルが発見されて話題になってもいる。

もしかすると、基衡をリーダーとする奥大道沿いの経塚造営の取り組みは、その父親清衡による金色阿弥陀像の笠卒塔婆造立のそれにならった「新たなる公共性」アピールの手段だったのかもしれない。

基衡は、父親に同じく、通常のレベルを超えて熱心な仏教徒であった。また、そのような自画像をアピールすることなくしては、父親による「仏教立国」の路線を継承することができなかった。

それらの写経奥書には、「仏弟子　藤原基衡」の文字がみえていた、すなわち父親に同じく「仏弟子」を名乗ったことによっても、そのことが察知されるであろうか。

基衡の妻、そして息子秀衡によっても

基衡ばかりではない。その妻もまた、熱心な仏教徒であった。三代秀衡の母となった、かの女については、延暦寺の高僧、澄憲僧都《ちょうけんそうず》のもとに金・馬を届けさせて、如意輪観音《にょいりんかんのん》を「恭敬供養」する儀礼の式次第を教えてもらった。そのために、澄憲は山内に籠もること二七日《にしちにち》（一四日間）、「精誠」を尽くして、「如意輪講式」の巻物を書写することがあったとするエピソードが残されていた（『大覚寺聖教目録』）。

かの女は、安倍宗任の女子で、観自在王院を建立した人物としても知られている。亡夫の毛越寺に肩をならべるようにして建立された、その観自在王院の境内には、大小の阿弥陀堂が設営されていて、人びとの願いに応えていた（「寺塔已下注文」）。そのうち、大阿弥陀堂内の四壁には、「洛陽霊地名所」が、すなわち石清水八幡の放生会《ほうじょうえ》、賀茂の祭り、鞍馬（寺）、醍醐の桜会《さくらえ》、宇治平等院、嵯峨（清涼寺）、清水寺の風景などが図絵されていて、遠く離れた京都に対する奥州人の憧れに応えてくれていた。

同じく、基衡の妻といえば、「違勅」の罪によって、基衡が処罰されそうになって、その身代わりを買って出た乳母子の信夫庄司佐藤季春の首が刎ねられようとしたさいにも、その

命を守るべく、秘計をめぐらしたことでも知られている。すなわち、季春の首の差し出しを要求する陸奥守のもとに、砂金一万両・鷲羽・絹・布ほか、莫大な礼物を持参し、再三にわたって助命の陳情をくり広げたのは、かの女であった。前にも、「女人のはたらき」として紹介している通りである。

観自在王院建立の件といい、陸奥守に対する陳情の件といい、なかなかの仕掛人であったことがうかがわれる。基衡の正妻にふさわしい威風堂々のパフォーマンスとして、受けとめることもできるであろうか。

けれども、かの女にも、清衡の母に同じく、安倍氏の女子ならではの苦悩の人生があったのに違いない。さらにいえば、安倍氏との所縁をつなげたいとする、清衡の母（基衡からいえば祖母）の勧めもあって、基衡はかの女を娶ることになったのかもしれない。

ただし、安倍宗任の女子だったとする記載があたっているとするならば、それに従って、宗任が安倍一族の主立《おもだ》ちとして活躍中に生まれた女子だった、とストレートに受けとめるとするならば、かの女が生まれたのは安倍氏が滅亡した康平五年（一〇六二）よりも遅れることはありえない。それに対して、基衡が生まれたのは、父親の清衡が本格的な国づくりに取りかかって間もなくの長治元～二年（一一〇四～五）のあたりだったと推定されている。とするならば、かの女は、四〇歳あまり年長の「スーパー姉さん女房」だったということにならざるをえない。そのために、かの女は「基衡妻」にはあらず、「基衡母」なりとするような憶測が生まれたりもするわけである。

だが、かの女の父親の宗任は、安倍氏滅亡の後も、流罪先の西国方面で、それなりの存在感を維持していた。『今昔物語集』の話題提供者にもなっている。そこで生まれた女子が平泉に呼び戻されて、清衡の母に育てられていたのだとする可能性も皆無とはいえない。それならば、基衡との年齢差は大きくならない。年齢差にこだわって、「基衡妻」の文字を「基衡母」のそれに勝手に読みかえるくらいならば、こちらの解釈に従ったほうがよいのかもしれない。

ただし厳密にいえば、その観自在王院建立ならびに陸奥守に対する陳情の主にして正妻たるべき女性と、秀衡の母にして如意輪観音信仰の妻が、同一人物だったとする確実な証拠には欠けている。その逆に、同一人ではなかったとする確証もない。けれども、常識的には、同一人物だったと考えて、差支えがないのではあるまいか。

そのような心底からの仏教徒としての基本的な姿勢ならびに「仏教立国」の路線は、清衡から基衡夫妻へと継承されたばかりではない。基衡夫妻から息子の秀衡へと継承されることにもなった。

たとえば、基衡死去から一九年の後、安元二年（一一七六）三月十六日には、基衡供養の

「三衡画像」
（毛越寺開山堂蔵）
上・藤原清衡
右下・藤原基衡
左下・藤原秀衡

毛越寺復元模型（岩手県立博物館蔵）

観自在王院跡（平泉町文化遺産センター提供）

ために、金字の経巻の書写が、秀衡によって遂行されている。すなわち、「奥州磐井郡関山中尊寺金色堂所天精霊藤原基衡」、「大檀主鎮主（守）府将軍藤原秀衡」の文字が、その奥書にみえている（妙法蓮華経巻第八）。

それればかりではない。明州・博多を経由して取り寄せた宋版一切経を土台にして、新しく紺紙金字一切経五千余巻を書写するという大事業も展開されていたことが知られる。それによって、平泉には一切経の三セットが。すなわち清衡書写の金銀字交書一切経、秀衡書写の金字一切経に、中国渡来の宋版一切経が、ならび存するという、尋常ならざる事態が現出されることになった。山本論文によって、それが明らかである。

都市平泉では、「年中恒例法会」の一環として、毎年三月に「千部会《せんぶえ》・一切経会」が開催されることになっていた。千部会は、法華経千部を千人の僧によって転読する（千僧供養）。一切経会は、五百人の僧によって、それぞれの巻の題名を読みあげるという盛大なイベントにほかならない。すなわち、大治元年（一一二六）三月二十四日、鎮護国家大伽藍落慶供養のあの日から始まる盛大なイベントにほかならない。それが、清衡から基衡へ、そして秀衡へと継承されて、「年中恒例法会」となっていたのである。

平清盛は、福原や厳島にて、毎年のように、千僧供養のイベントを開催していた。後白河法皇の臨幸を仰いだり、天台座主明雲《てんだいざすみょううん》を導師に招いたりするなどのこともあった。川合康氏によって注目されている通りである。その清盛に勝るとも劣らない盛大なイベントの主催者としての威風堂々の振る舞いを、秀衡はあらわにしていたのであった。

無量光院における日想観《にっそうかん》のことも、また然り。初代清衡の命日たるべき秋七月十六日には、いまの暦にして八月下旬のあたりには、沈む夕日が金鶏山頂に差しかかって、無量光院の御本尊たるべき阿弥陀さまの頭越しに光を投げかけてくれる。逆にいえば、阿弥陀さまに向ける視線を真っすぐに伸ばせば、金鶏山に沈む夕日を拝むこともできるという有難い瞬間が訪れる。まさに、その瞬間に、本堂の前面に横たわる蓮池の中島にて、秀衡は端座して、阿弥陀さまと夕日を重ねあわせに拝んで、西方極楽浄土から山越しに阿弥陀さまがお迎えにきていただいたような気分に没入する。あわせて、極楽浄土の壮麗なありさまを観想《かんそう》するという毎年恒例の仏事がおこなわれていたらしい。菅野成寛氏による指摘の通りである。

観無量寿経《かんむりょうじゅきょう》によれば、極楽に往生するためのベストの行法は、沈む夕日を拝みながら、極楽のありさまを想い描く(観想する)こと。すなわち日想観のそれであった。その教えに従って、金鶏山頂に沈む夕日を阿弥陀さまの頭越しに拝むべく、場所を選んで、無量光院の壮麗な御堂を、秀衡は建立したのであった。

しかも、その御堂の四壁には、観無量寿経の名場面が描き出されていた。そのなかに、古代インド・マガダ国の王妃韋提希夫人《いだいけぶにん》がお釈迦さまのもとにひれ伏して、国王たるべき夫が息子によって幽閉されてしまって、面会も許されないという身の不幸を訴え、極楽往生を願って、日想観ほかの行法を教えていただく場面がふくまれていたであろうことは、もちろんである。

そのうえに、秀衡による狩猟姿の自画像が図絵されていたとも、記録されていた（「寺塔已下注文」）。秀衡のような武人は殺生《せっしょう》の稼業なので、狩猟者に同じく、極楽往生はかない難い。けれども、殺生の罪を悔い改めるならば、九等級の極楽のうち、最下位のランクに往生することができると経文には記されていた。そのために、狩猟姿の自画像を図絵することによって、反省の意思を表明し、なんとしても、極楽往生を遂げようと願ったのであった。これまでにも、注目されてきた通りである。

いずれにしても、無量光院の建立に込められた秀衡の極楽往生の願いには、尋常ならざるものがあった。無量光院は、宇治平等院の単なるコピー（模倣）にはあらず。それよりも、はるかに高度な内容が具えられていたのであった。形式のうえでも、また然り。たとえば、阿弥陀さまが来迎する舞台装置としての金鶏山、同じく阿弥陀さまを拝み見る舞台装置としての蓮池の中島など、平等院には見られない工夫が、こちらには具えられていた。

二〇一一年、世界文化遺産に登録が決定された「平泉―仏国土（浄土）を表す建築・庭園及び考古学的遺跡群―」においては、中尊寺・毛越寺・観自在王院・無量光院、そして金鶏山が選ばれて、「構成資産」として位置づけられている。それによって、清衡から基衡へ、そして秀衡へと継承された仏教立国の大事業の所産が、世界レベルで認識されることになった。金鶏山という自然の山が、浄土の景観をかたちづくるうえで不可欠の存在として、「構成資産」に選ばれたことにも、画期的な意味を見出すことができるかもしれない。

けれども、柳之御所遺跡が、すなわち平泉藤原氏の居館兼政庁たるべき平泉館の遺跡が、「浄土との関連性」がうすいということで、「構成資産」からはずされてしまっている。

中尊寺・毛越寺をはじめとする「構成資産」をかたちづくるエネルギー源は、藤原氏のくらしのなかから生み出されたのであった。その藤原氏のくらしが、手に取るように分かる稀有の遺跡である。それがはずされてしまったことには、納得がいかない。そのために、柳之御所遺跡の拡張登録を目指して、さまざまな取り組みがおこなわれている最中である。あわせて、これまた「仏国土」の理解に欠かすことができない骨寺村荘園《ほねでらむら》遺跡・達谷窟《たっこくのいわや》・長者ヶ原廃寺跡・白鳥館遺跡《しろとりだていせき》など、関連資産についても、「構成資産」への拡張登録を目指して、ねばり強い取り組みが展開されている。それらの取り組みが近い将来に結実する日を迎えることを、願ってやまない。

無量光院復元模型
（平泉文化史館蔵）
＊復元設計・監修
故藤島亥治郎
東京大学名誉教授

金鶏山浄土のＣＧ（平泉町教育委員会提供）
秀衡は、無量光院の池中の小島に端座して、金鶏山に沈む夕日を阿弥陀仏の頭越しに拝み極楽往生を願った

むすびにかえて

清衡から基衡へ、そして秀衡へ、さらには泰衡へと継承された「平泉館」が陥落して、鎌倉殿源頼朝の率いる二万騎の軍勢が乗り込んできたのは、文治五年（一一八九）秋八月二十二日のことであった。

それから、一月あまり、九月二十三日、戦乱のどさくさが一段落を告げたことを受けて、今後における奥州統治の方針を模索すべく、頼朝が無量光院の視察に及んださいのことであった。「案内者《あないしゃ》」として随行した豊前介実俊《ぶぜんのすけさねとし》の口から、清衡・基衡・秀衡、三代の歴史が物語られることになった。その内容が、鎌倉幕府の歴史書、『吾妻鏡』文治五年九月廿三日条にしっかりと書きとめられている。すなわち、

清衡は、継父武貞卒去後、奥六郡を伝領す。去康保年中、江刺郡豊田館を岩井郡平泉に移して、宿館となす。卅三年を歴て卒去す。陸奥出羽両国に、一万余の村あり。村毎に、伽藍を建て、仏性燈油田《ぶっしょうとうゆでん》を寄附す。

基衡は、果福父に軼《つ》ぎて、両国を管領《かんれい》す。また、卅三年の後、夭亡《ようぼう》す。
秀衡は、父の譲りを得て、絶えたるを継ぎ、廃《す》たれたるを興《おこ》す。将軍の宣旨を蒙りて以降、官禄父祖を越え、栄耀子弟に及ぶ。また、卅三年を送りて、卒去す。
已上、三代九十九年の間に、造立するところの堂塔、幾千万宇を知らず。

と記されている。

秀衡のブレーンとして側近に侍った。そして、今度は、鎌倉殿頼朝の奉行人として召し抱えられることになる豊前介実俊による証言である。すなわち、京都からスカウトされてきた中央官庁出身のエリート、ないしは人間コンピュータとでもいうべき能吏による歴史の証言である。これほどに、確かなものはない。

その証言によって、三代にわたって仏教立国の路線が継承されるなかで、「幾千万宇を知らず」とされるような夥《おびただ》しい堂塔が造立されることになった。しかも、その大もとは、清衡によってかたちづくられた。そのことが明らかである。

それにしても、である。奥羽両国の一万余の村むらに伽藍を建て、仏性燈油田を寄付したとされていることからは、「仏国土」の建設に注いだ清衡の情熱が尋常のレベルにあらざることをあらためて痛感させられずにはいられない。

清衡は中尊寺を。基衡は毛越寺を。その後家は観自在王院を。そして秀衡は無量光院を。それぞれに造営したとされているようなことだけに、すなわち都市部に大伽藍を造営したとされているようなことだけに、目を奪われてはならない。

それらにあわせるようにして、農村部における仏国土建設が着実に推進されていた。そのことを見逃してはならない。骨寺村絵図に描き出された日本農村の原風景を想い描くたびに、そのことを痛感させられずにはいられない。

けれども、清衡・基衡・秀衡による「仏国土」の建設が、京都方面における仏教のありかたを見ならうことによって、さらには京都方面から及ぼされる政治的・経済的・文化的インパクトを受けとめることによって、ストレートに推進されたとするような誤った解釈に陥ってしまってはならない。そのような上から目線の歴史解釈に陥ったのでは、なんのために平泉の勉強をしているのか。わけが分からなくなってしまうのではあるまいか。

平泉には、独立自尊の気風があふれていた。みちのく・北方世界の風土に根差した固有のくらしと文化に対する自信がみなぎっていた。

たとえば、平泉には、日吉社・白山社・金峯山・（熊野）王子諸社、さらには祇園社・北野天神・今（新）熊野・稲荷社など、洛外・洛中の神々が勧請されて、中尊・毛越両寺ないしは都市域を見守ってくれる「鎮守」としての役割を期待されていた（「寺塔已下注文」）。

それなのに、天皇家の祭神たるべき伊勢、摂関家藤原氏の祭神たるべき春日など、政治的色彩が濃厚な神社は勧請されていない。そのうえに、鎮護国家の軍神にして、源氏の祭神たるべき石清水八幡社も勧請されることがなかった。さらにいえば、「蝦夷征伐」の神として、古来祭られてきた鹿島・香取などの神もまた、勧請されることはなかった。

それに対して、勧請されたのは、延暦寺に親近の日吉社・白山社・金峯山・（熊野）王子諸社など、仏教との関係性が濃厚な洛外の諸社、さもなければ上下貴賤の分け隔てなく信仰された洛中の諸社であった。

はっきりしたものである。京都政界の中枢とは一線を画する。そのうえに、天敵ともいうべき源氏とも一線を画する。さらにいえば、「蝦夷征伐」のイデオロギーには同調することなく、どちらかといえば「征伐」される側にみずからを位置づける、ということであったのに違いない。なにから、なにまで、誉田慶信氏・斉藤利男氏によって指摘されている通りである。

そのような京都に対する反骨精神、さらには源氏に対する警戒感は、清衡の代から鮮明に立ちあらわれていた。

たとえば、国づくりのはじめに、中尊寺の山頂に建立された多宝寺（塔）にしても、大日如来を主尊とする、京都方面に盛行の密教形式のそれにはあらず。多宝・釈迦両尊が並座する、東アジアのグローバル・スタンダードに則った、あわせて法華経の記載に即した本来的な形式が採用されていた。高橋富雄氏・入間田によって注目され、これまた誉田氏・斉藤氏によって詳述されている通りである。清衡の眼差しは、京都を越えて、さらに遠方にまで向けられていたのであった。

仏神に関わる局面ばかりではない。都市平泉の建設にあたっても、モデルは平安京にはあらず。寺院と政庁（兼居館）を結ぶ一直線を基軸とする、どちらかといえば東アジアの仏教都市のモデルに即したものであった。さらにいえば、多宝塔の建立をはじめとする建寺造仏のプロジェクトによって、都市福州の建設にあたった王審知のモデルに即したものでもあった。

住居や食膳具など、くらしのスタイルにしても、また然り。四面庇の大邸宅を構えたとはいっても、京都の寝殿造そのままの風情にはあらず。みちのくの風土に即した改造が施されていた。宴席に用いられる酒器・酒盃・折敷《おしき》のセットは京都に変わりがなかったとしても、京都風の提子《ひさげ》の酒器にはあらず。白磁や渥美・常滑の四耳壺が重宝されて、武家好みのスタイルがかたちづくられていた。そのスタイルが、鎌倉・室町幕府の関係者によって継承されて、やがては茶道の名物好みを生み出すことになった。小野正敏氏による指摘の通りである。そのほかにも、京都風の文物が選択的に採用されたケースにはこと欠かない。八重樫忠郎氏による指摘の通りである。

あれや、これやで、平安京のモデルをストレートに受け入れるのにはあらず。どちらかといえば、東アジアのグローバル・スタンダードに準拠するなかで、それにあわせて東北日本の風土に即応するなかで、さらには武家好みのスタイルを模索するなかで、平安京のモデルを選択的に採用・アレンジすることによって、平泉の文化はかたちづくられることになった。すなわち、平泉藤原氏の当主そのものがハイブリッドな新人類であったことに即応して、その文化にもまたハイブリッドな色彩が濃厚に具えられていた。であればこそ、そのハイブリッドな文化が、鎌倉・室町幕府、さらには江戸幕府の担い手になった武人らによって継承・発展させられることになったのではあるまいか。

そういえば、京都方面における権門勢家、たとえば摂関家や延暦寺ほかとの連携になる荘園群にしても、平泉政権の本来的な地盤たるべき奥六郡・山北三郡、そして北奥羽の広大なエリアには構立されることがなかった。そこでは、平泉による主従制的かつ一元的な取りしきりが幅を利かせていて、京都方面との連携が許容される状況にはなかった。

統治組織のありかたにしても、また然り。それらのエリアでは、村を基礎単位とする北方の辺境ならではの伝統的なスタイルが卓越していて、荘園や郡（公領）を統治の結節点として重要視する京都発のスタイルが許容される状況にはなかった。あの「磐前村印《いわさきむらいん》」によって、すべてが察知されるであろうか。

もしかすると、それらのエリアにおける平泉の統治は、京都発のスタイルにはあらず。辺境発のそれということで、列島における例外的な存在だったのかもしれない。唯一、それに対比されるべき存在として、琉球王国の統治スタイルをあげることができるだけなのかもしれない。

それにつけても、辺境発と京都発。二つの原理に軸足を置いた、境界的な権力としての平泉藤原氏のありかたを再認識することにならざるをえない。

平泉外交の根幹は、京都との平和共存にあった。京都に対する反骨精神、さらには源氏に対する警戒感を内に秘めながらも、表面的には恭順の姿勢をあらわにする。あわせて、平和的かつ文明的な国づくり、すなわち仏教立国の推進によって、押しも押されぬ存在感をアピールする。そのような施策を通じて、京都側の差別的かつ敵対的な感情を和らげ、同じく奥州派兵への衝動を未然に防ぐことによって、安全保障の果実を勝ち取るというものであった。それによって、平泉藤原氏三代にわたる平和の世紀、「パックス平泉」ともいうべき事態がかたちづくられることになった。

ただし、三代秀衡期の後半には、源平の争乱によって、京都との平和共存、仏教立国路線の大幅な変更を余儀なくされることになる。

すなわち、鎌倉の頼朝、福原の清盛、木曽の義仲ほかの群雄に伍して、秀衡もまた、生き残りをかけて、地域的な軍事政権樹立の道を踏み出すことを余儀なくされることになる。そのために、義経を擁立して金看板に仕立てざるをえないことにもなる。いわゆる平泉幕府、ないしは奥州幕府の構想である。

けれども、そのような秀衡の決断が、功を奏することなく、平泉滅亡の結末に終わってしまったことについては、いうまでもない。清衡以来、京都との協調のかたわら、源氏に対する警戒心を和らげることがなかった藤原氏である。それなのに、京都の地位そのものが低下させられるなかで、源氏によって滅ぼされるという運命を避けることはかなわなかった。歴史の皮肉としか、いいようがない。

◉年表

西暦（元号）年	できごと	（清衡の年齢は数え年）
九〇七	世界帝国・唐が滅亡する。	
九〇九	王審知が閩国王の位に昇る。それを機に、報恩多宝塔の建立に始まる仏教立国事業がさらなる展開を遂げる。	
九三九（天慶二）	平将門が坂東諸国を占拠。「新皇」と称して、除目（人事）をおこなう。	
一〇五一（永承六）	前九年合戦が始まる。	
一〇五三（天喜元）	関白藤原頼通が平等院鳳凰堂を建立する。	
一〇五六（天喜四）	藤原経清が安倍貞任の側に転じる。	
	そのあたりに、清衡が生まれる。	（一歳）
一〇六二（康平五）	前九年合戦が終わる。安倍氏は滅亡。経清は斬首される。	（七歳）
一〇六三（康平六）	清原武則が鎮守府将軍に任じられる。	
	そのあたりに、清衡の母は、清原武貞の妻に迎えられる。	（八歳）
一〇七〇（延久二）	延久二年北奥合戦。北奥一帯が日本国の統治下に編入される。	
	実質的には、清原真衡の掌握下に置かれる。	（一五歳）

一〇八三（永保三）	後三年合戦が始まる。ほどなくして、真衡は頓死する。	
	清衡・家衡は源義家の軍門に下る。許されて奥六郡を分給される。	（二八歳）
一〇八六（応徳三）	白河院政が始まる。	
	清衡は、弟家衡のために妻子を殺害される。	
	家衡は沼柵に立て籠もって、義家・清衡の軍勢を退ける。	（三一歳）
一〇八七（寛治元）	武衡・家衡の立て籠もる金沢柵を義家・清衡の軍勢が攻め落とす。	
	後三年合戦が終わる。清原氏は滅亡。義家は空しく帰京する。	（三二歳）
一〇九一（寛治五）	清衡が関白藤原師実に馬二疋（匹）を献上する。	（三六歳）
一〇九二（寛治六）	清衡が合戦を企て、国司の制止に応じない。	（三七歳）
一一〇〇（康和二）	そのあたりに、清衡が「宿館」を、江刺郡豊田から磐井郡平泉に移す。	
	それより本格的な国づくりを始める。	（四五歳）
一一〇五（長治二）	一基の塔ならびに多宝寺（中尊寺最初院）を建立する。	
	そのあたりに、基衡が生まれる。	（五〇歳）
一一〇七（嘉承二）	中尊寺大長寿院（二階大堂）を建立する。	（五二歳）
一一二四（天治元）	中尊寺金色堂を建立する。	（六九歳）

一一二六（大治元）	中尊寺鎮護国家大伽藍（大釈迦堂）を建立する。	（七一歳）
一一二七（大治二）	延暦寺にて開催の千僧供養の費用にあてるという名目で、七〇〇町の田地を囲い込み、保を構立する。そのために、国司の軍勢と衝突する。	（七二歳）
一一二八（大治三）	金色堂に死す。（七月十六日）	（七三歳）
一一二九（大治四）	清衡の二子（長男小館・御曹司基衡）の合戦が始まる。	
一一三〇（大治五）	基衡が小館を殺害する。その旨を、清衡の妻が上洛して公家側に奏する。	
一一三七（保延三）	清衡の追善供養のため、千部一日経の書写事業を、基衡が開始する。（清衡十回忌）	
一一五七（保元二）	基衡が死去する。	
一一七〇（嘉応二）	秀衡が鎮守府将軍に任命される。	
一一八〇（治承四）	源頼朝が伊豆に挙兵する。	
一一八一（養和元）	秀衡が陸奥守に任命される。鎮守府将軍の再任も、そのあたりか。	
一一八七（文治三）	秀衡が死去する。「源義経を大将軍に仰いで、鎌倉を襲うべし」との遺言あり。	
一一八九（文治五）	源頼朝の軍勢が奥州に侵攻する。都市平泉が陥落。平泉藤原氏が滅亡。	

◉参考・引用文献

飯沼賢司『八幡神とはなにか』角川選書、二〇〇〇年。のちに角川ソフィア文庫、二〇一四年に再録
石井　進『中世のかたち』日本の中世1、中央公論新社、二〇〇二年
石田一朗「中尊寺建立の過程にあらわれた奥州藤原氏の信仰と政治」、東北大学『日本文化研究所研究報告』別巻2号、一九六四年、のちに『平泉町史』総説・論説編、一九八八年に再録
板橋　源『北方の王者』秀英出版、一九七〇年
伊藤一義「藤原基衡—奥羽両国支配の確立—」、『歴史読本』特集・奥州藤原氏四代の興亡、一九九三年六月号
入間田宣夫『中世武士団の自己認識』三弥井書店、一九九八年
『都市平泉の遺産』日本史リブレット18、山川出版社、二〇〇三年
『北日本中世社会史論』吉川弘文館、二〇〇五年
『平泉藤原氏と南奥武士団の成立』歴史春秋出版、二〇〇七年
『平泉の政治と仏教』高志書院、二〇一三年
入間田・豊見山和行『北の平泉、南の琉球』日本の中世5、中央公論新社、二〇〇二年
入間田・坂井秀弥編『前九年・後三年合戦—11世紀の城と館—』高志書院、二〇一一年
小野正敏「中世みちのくの陶磁器と平泉」、平泉文化研究会編『奥州藤原氏と柳之御所跡』吉川弘文館、一九九二年
『前近代の東アジア海域における唐物と南蛮物の交易とその意義』平成一四～一七年度科学研究費補助金研究成果報告書、二〇〇六年
大石直正「中尊寺領骨寺村の成立」、東北学院大学『東北文化研究所紀要』一五号、一九八四年
「次子相続・母太郎」、『奥州藤原氏の時代』吉川弘文館、二〇〇一年
『中世北方の政治と社会』校倉書房、二〇一〇年

川合　康「平清盛―おごれる権力者の実像―」、元木泰雄編『保元・平治の乱と平氏の栄華』清文堂出版、二〇一四年
川島茂裕「藤原清衡の妻たち―北方平氏を中心に―」、入間田ほか編『平泉の世界』高志書院、二〇〇二年
河内祥輔「藤原基衡と秀衡の妻たち―安倍宗任の娘と藤原基成の娘を中心に―」、『歴史』一〇一輯、二〇〇三年
『古代政治史における天皇制の論理』吉川弘文館、一九八六年
菅野成寛「中尊寺金色堂の諸問題―藤原氏葬法に関する一視座―」（上・下）、『岩手史学研究』七一・二号、一九八八・八九年
「都市平泉の宗教的構造―思想と方位による無量光院論―」、平泉文化研究会編『奥州藤原氏と柳之御所跡』吉川弘文館、一九九二年
「天台浄土教建築と天台本覚思想―宇治・平等院鳳凰堂から平泉・無量光院へ―」、『佛教文学』三五号、二〇一一年
斉藤利男『平泉―よみがえる中世都市―』岩波新書、一九九二年
『奥州藤原三代―北方の覇者から平泉幕府構想へ―』日本史リブレット23、山川出版社、二〇一一年
佐倉由泰「藤原清衡と文学」、三浦秀一編『東北人の自画像』東北大学出版会、二〇一〇年
佐々木邦世『平泉中尊寺』吉川弘文館、一九九九年
高橋　崇『奥州藤原氏』中公新書、二〇〇二年
高橋富雄『奥州藤原氏四代』、吉川弘文館、一九五八年
『藤原清衡』清水書院、一九七一年
『平泉』教育社歴史新書、一九七八年
「中尊寺と法華経―中尊寺建立の心―」、『東北大学教養部紀要』三三号、一九八一年
『奥州藤原氏―その光と影―』吉川弘文館、一九九三年
玉井哲雄「日本都市史の構築―アジアを視野に―」、国立歴史民俗博物館・玉井編『アジアからみる日本都市史』

山川出版社、二〇一三年
竺沙雅章　「唐末五代における福建仏教の展開」、『仏教史学』七―一、一九五八年
中尊寺　『中尊寺御遺体学術調査最終報告書』、一九九四年
長岡龍作　「みちのく・肖像の風景」、三浦秀一編『東北人の自画像』東北大学出版会、二〇一〇年
『仏像―祈りと風景』敬文舎、二〇一四年
野中哲照　「奥州後三年記の成立年代」、『鹿児島短期大学研究紀要』五六号、一九九五年
樋口知志　『前九年・後三年合戦と奥州藤原氏』高志書院、二〇一一年
藤島亥治郎　『平泉建築文化研究』吉川弘文館、一九九五年
「平泉中尊寺の構想と現実」、『建築史学』三〇号、一九九八年
藤島亥治郎監修　『中尊寺』河出書房新社、一九七一年
藤原良章　「後三年合戦絵詞の世界」、藤原編『中世人の軌跡を歩く』高志書院、二〇一四年
誉田慶信　「平泉・宗教の系譜」、入間田編『兵たちの極楽浄土』高志書院、二〇一〇年
「日本中世仏教のなかの平泉」、『平泉文化研究年報』一三号、二〇一三年
「平泉仏教の歴史的性格に関する文献資料学的考察」、同一四号、二〇一四年
丸山　仁　『院政期の王家と御願寺』高志書院、二〇〇六年
守田逸人　「平忠盛―都鄙で広がる京武者の舞台―」元木泰雄編前掲書、二〇一四年
八重樫忠郎　「考古学的にみた北の中世の黎明」、安斎正人・入間田編『北から生まれた中世日本』
高志書院、二〇一二年
「中世の先駆け・渥美焼」、田原市博物館『渥美焼』、二〇一三年
柳原敏昭　『中世日本の周縁と東アジア』吉川弘文館、二〇一一年
山本信吉　「中尊寺経」、藤島亥治郎監修前掲書、一九七一年

◉写真提供・資料協力

一関市教育委員会 骨寺荘園室
岩手県教育委員会
岩手県立博物館
東京国立博物館
中尊寺
平泉町教育委員会
平泉町役場 平泉町世界遺産推進室
平泉文化遺産センター
平泉文化史館
柳之御所資料館
多賀城市教育委員会
綜芸文化研究所所長 藤島幸彦
文化庁文化財部伝統文化課
毛越寺（開山堂）

◉編集協力

（株）小林企画
（有）ぱぺる舎

入間田 宣夫《いるまだ のぶお》

１９４２年（昭和17年）宮城県涌谷町生まれ。68年東北大学大学院文学研究科国史学専攻博士課程中退、同年東北大文学部助手。山形大学助教授、東北大学教養部助教授、東北大学東北アジア研究センター教授などを経て、２００５年に東北大学を定年退職、東北大学名誉教授。06年から東北芸術工科大学教授。10年4月に同大学大学院長、11年1月に同東北文化研究センター所長、13年4月に一関市博物館長に就任。専門は日本中世史。

著書に、『百姓申状と起請文の世界―中世民衆の自立と連帯―』東京大学出版会、『武者の世に』日本の歴史7 集英社、『中世武士団の自己認識』三弥井書店、『都市平泉の遺産』日本史リブレット18 山川出版社、『北日本中世社会史論』吉川弘文館、『平泉藤原氏と南奥武士団の成立』歴史春秋出版、『平泉の政治と仏教』高志書院。

編著書に、『葛西氏の研究』名著出版、『東北中世史の研究』高志書院、『平泉・衣川と京・福原』高志書院。

共編著に、『みちのくの都多賀城・松島』よみがえる中世7 平凡社、『北の内海世界―北奥羽・蝦夷ヶ島と地域諸集団―』山川出版社、『平泉の世界』高志書院、『十和田湖が語る古代北奥の謎』校倉書房、『中世武家系図の史料論』高志書院、『牧の考古学』高志書院などがある。

藤原清衡《ふじわらのきよひら》　平泉《ひらいずみ》に浄土《じょうど》を創《つく》った男《おとこ》の世界戦略《せかいせんりゃく》

二〇一四年九月三〇日　第一刷発行

著　者　入間田宣夫《いるまだのぶお》

発行者　服部　秀

発行所　株式会社 ホーム社
〒一〇一―〇〇五一　東京都千代田区神田神保町三―二九　共同ビル
電話　〇三（五二一一）二九六六（文芸図書編集部）

発売元　株式会社 集英社
〒一〇一―八〇五〇　東京都千代田区一ツ橋二―五―一〇
電話　【販売部】〇三（三二三〇）六三九三（書店専用）
【読者係】〇三（三二三〇）六〇八〇

印刷所　図書印刷株式会社

製本所　加藤製本株式会社

定価はカバーに表示してあります。

ISBN978-4-8342-5301-6 C0095